Игнатий Дьяков

РАССКАЗ-ПРОВОКАЦИЯ
в помощь изучающим русский язык
(да-да, и для Вас тоже!)

Ignaty Dyakov

THE STORY PROVOCATION:
for learners of the Russian language
(yes, yes, for you too!)

Купи аудио-книгу —
пришли письмо на
audio-book@russialocal.co.uk
To purchase an audio-book email

Короткий саркастический детективный рассказ, написанный в помощь взрослым, изучающим русский язык как иностранный. Это вторая книга в нашей серии учебных пособий по русскому языку. В тексте использовано много базовых разговорных грамматических конструкций и наиболее необходимых в бизнесе и быту слов: цвета, части тела, предметы из офиса, объекты городской среды. Особое внимание уделено глаголам движения.

5 % от продаж этой книги будут перечислены на поддержку Детской Деревни СОС в г. Пушкин Ленинградской области.

SOS CHILDREN'S VILLAGES
A loving home for every child

Редактор: М.А. Ильина
Корректор (английский язык): Пол Руни
Корректор (русский язык): К.С. Оверина
Компьютерный макет: Н.И. Пашковская
Иллюстрации: Грегг Инк (www.greggink.com)

© И.М. Дьяков, 2014

A short sarcastic story, a detective line, written as an aid to making the Russian language study process a little bit more bearable for adult learners. It is the second book in the series of Russian study texts. The story contains many basic conversational grammar constructions and the core vocabulary required for business and everyday life: colours, body parts, office objects and phrases used in city and home environments. Verbs of motion receive particular attention.

5 % of all proceeds from the sale of this book will go to support the SOS Children's Village in Pushkin, Russia.

SOS CHILDREN'S VILLAGES
A loving home for every child

Editor: Marina Ilyina
Proof-reader (English): Paul Rooney
Proof-reader (Russian): Ksenia Overina
Layout: Natalia Pashkovskaya
Illustrator: Gregg Ink (www.greggink.com)

© 2014 Ignaty Dyakov

All rights reserved. No part of this book may be reprinted, or reproduced or utilised in any form or by any electronic, mechanical, or other means, now known or hereafter invented, including photocopying and recording, or in any information storage or retrieval system, without permission in writing from the author.

ISBN-13: 978-1496081636 (pbk.)
ISBN-10: 1496081633 (pbk.)

Безусловно, данное пособие делает изучение языка более весёлым, интересным, а значит, менее сложным. Его можно рекомендовать в дополнение к любому учебнику русского языка уровня A1-B1 — успех и прогресс в овладении русским языком будет вашим ученикам обеспечен!

Г.М. Лёвина, профессор,
Государственный институт
русского языка
имени А. С.Пушкина

Мне очень понравилась первая книга, и я с нетерпением ждал продолжения истории. В книге много уникальных особенностей: русский язык в ней помещён в глобальный контекст, что лично мне очень импонирует и что, я уверен, понравится иностранцам, изучающим русский по работе. История смешная, это не стандартный набор текстов о школьниках и студентах, какой порой встречается в учебниках. Книга даёт бесчисленное количество тем для обсуждения в классе и творческих домашних заданий. Я уверен, что хорошие учителя найдут эту книгу особенно полезной.

С.И. Чернышов, автор учебной
серии «Поехали!», основатель
языковых центров «Extra Class»

Undoubtedly, this textbook makes language learning more fun, interesting and thus less challenging. It can be recommended as an addition to any Russian language textbook for A1-B1 levels — your students will definitely succeed and progress in Russian language learning!

Prof. Galina Levina,
vice-provost,
The Pushkin State
Russian Language Institute

I really liked the first book, and was looking forward to reading the sequel. The book is unique in more than one sense: it places Russian in the global context, which I personally really appreciate and I'm sure international professionals who learn Russian for business are going to love it. The story is fun, it's not the usual boring stuff about school kids and students as it often happens in textbooks, and it opens unlimited possibilities for in-class discussion or some creative homework — I'm sure good teachers would find it extremely helpful.

Stanislav Chernyshov,
the author of «Poekhali!» books,
founder of Extra Class
Language Centres

Джордж — вице-президент Национального банка Гваделупы. У него есть маленький утренний ритуал: прийти в офис, включить компьютер и принтер, прослушать автоответчик, выпить чашку чая, пофлиртовать с секретаршей и немного почитать утреннюю прессу. Однажды утром он, как всегда, открыл газету и увидел там интересную статью — о безопасном сексе. Он решил прочитать её внимательно вечером и поэтому запомнил номер страницы — 44. Он и не догадывался в тот момент, что всего через полчаса на обычной встрече со своими коллегами он узнает то, что абсолютно изменит его планы на ближайшие недели, что уже не будет места маленьким ритуалам, а будут встречи, поездки в другие страны и изменения в личной жизни…

ВНИМАНИЕ!

m — мужской род
f — женский род
Pl — множественное число
impf — несовершенный вид глагола
(поэтому указаны формы настоящего времени)
perf — совершенный вид глагола

Игнатий Дьяков

George is a Vice-President of the National Bank of Guadeloupe. He has a small morning ritual: he goes to his office, switches on his computer and printer, listens to the voicemail, drinks a cup of tea, flirts with his secretary and reads some of the newspapers. One morning, he opened a newspaper as usual and saw an interesting article about safe sex. He decided to read it properly in the evening and so memorised the page number. Little did he know that in just half an hour, at a routine meeting with his colleagues, he would learn something that would completely change his plans for the next few weeks; there would be no time for small rituals but instead he would attend numerous meetings, take trips to other countries and see changes in his personal life...

ATTENTION PLEASE!

m — masculine
f — feminine
Pl — plural
impf — imperfective
   (hence, we've got present tense forms)
perf — perfective

Рассказ-провокация

ПРЕДИСЛОВИЕ

«Рассказ-провокация: в помощь изучающим русский язык (да-да, и для Вас тоже!)» — это вторая книга в нашей серии учебных пособий по русскому языку, написанных в форме шуточных детективов. Как и в первом пособии, главным героем этой вымышленной истории является гваделупский банкир по имени Джордж Ажжан. Однажды утром он приходит на работу, как обычно, но уже через полтора часа от его обычной жизни не остаётся и следа. Впереди — встречи, поездки, переговоры и энное количество провокаций...

Я постарался использовать как можно больше базовых разговорных грамматических конструкций и привести набор наиболее необходимых в бизнесе и быту слов. В начале книги закрепляется лексика из первой книги — «Рассказа-сенсации», а затем постепенно вводятся новые слова. Различные цвета, части тела, предметы из офиса, объекты городской среды — вот некоторые тематические наборы слов, используемых в тексте. Особое внимание уделено глаголам движения, они встречаются в нескольких главах. Каждое слово появляется несколько раз, чтобы закрепить его значение в контексте. Также я постарался использовать русские фразеологизмы: устойчивые выражения, цитаты из фильмов и поговорки, отрывки из популярных песен. В рассказе много диалогов.

«Рассказ-провокация» написан на слегка упрощённом русском языке и рассчитан на уровень A2-B1. Текст состоит из пролога, тридцати двух глав и послесловия. Перед каждой главой есть список новых слов. Они даны без перевода, чтобы студент смог сам записать перевод на своём языке. В конце книги представлен небольшой русско-английский словарик. При чтении также рекомендуется использовать большой словарь. После каждой главы даётся упражнение для отработки

PREFACE

The Story Provocation: for learners of the Russian language (yes, yes, for you too!) is the second book in the series of Russian language textbooks written as sarcastic detective stories. As in the first book, the main character of this fictional story is a Guadeloupian banker called George Aggiane. One morning, as always, he goes to his office but in just an hour and a half he has nothing left of his normal life. Ahead, he faces meetings, trips, negotiations and a number of provocations...

I have endeavoured to use as many basic conversational grammar constructions as possible and the set of words which are most needed in business and everyday life. At the beginning of the book, words from *The Story Sensation* are reinforced and then new vocabulary is gradually introduced. Colours, body parts and terms for office and city objects are among other topical phrases used in the text. Special attention is paid to the verbs of motion and you will see them in several chapters. Each word appears in the text several times so the learner can become accustomed to its contextual meaning. I have also used some common Russian set expressions, proverbs and quotes from famous songs. There are many dialogues in the story.

The Story Provocation is written in slightly simplified Russian and is aimed at levels A2-B1. Thus, the learner will find it easier to recognise and memorise grammar structures. The book consists of a prologue, thirty two chapters and an epilogue. There are lists of new words. No translation is provided so learners can make a note of the meanings in their own language. At the end of the book, there is a concise Russian-English dictionary. I also highly recommend using a complete Russian-English dictionary when reading the book. At the end of each chapter, there is a grammar exercise and several questions

грамматики и несколько вопросов к тексту, чтобы инициировать разговор между учащимися в классе или для самостоятельной работы дома. Желательно, чтобы на каждый вопрос читатель дал как можно более подробный ответ.

Чтобы приобрести аудиоверсию книги, пожалуйста, пришлите запрос по адресу: audio-book@russialocal.co.uk. Книга будет выслана Вам в формате MP3 для использования на компьютере, плейере или смартфоне.

Бесспорно, в книге могут встречаться неточности и спорные моменты. Я буду признателен за комментарии и предложения (моя электронная почта id@russialocal.co.uk).

Я хочу поблагодарить за поддержку и бесценные рекомендации, за то время, которое уделили этому тексту, профессора Государственного института русского языка им. А.С. Пушкина, д.пед.н. Галину Михайловну Лёвину, преподавателей русского языка Светлану Алексеевну Сушкову, Тэсс Тестезу, Станислава Ивановича Чернышова, моих друзей Марию Григорькину, Анну Старикову, Евгения Цуринова, Алексея Черепанова, Анну Эдвардс, моих учеников Эдварда Асту, Джеймса Ламби, Полин Скулли и Рахима Шапи, а также участников группы «Learning the Russian Language» в социальной сети LinkedIn. Большое спасибо также компаниям Roxy-Art Ltd и Russian National Tourist Office, а также г-ну Рахиму Шапи за финансовую помощь при издании этого учебника. И, конечно, отдельная благодарность моим маме и жене — за моральную поддержку, безграничное терпение и мудрые советы.

Игнатий Дьяков, 2014

about the text to initiate discussion between students in the class or alternatively they can be used as homework. Students are advised to provide the fullest answers possible.

Should you wish to acquire an audio version of the book, please email us at audio-book@russialocal.co.uk. The book will be sent to you as MP3 files to be downloaded onto your computer, audio player or smartphone.

Of course, there may be some discrepancies and arguable issues contained in the book. I would, therefore, appreciate your comments and feedback which you can send to: id@russialocal.co.uk.

I am grateful to the following people for their support, valuable recommendations and the time dedicated to reading this story: the vice-provost of The Pushkin State Russian Language Institute, Professor Galina Levina; Russian language teachers Stanislav Chernyshov, Svetlana Sushkova and Tess Testeza; my friends Evgeny Tsurinov, Alexey Cherepanov, Maria Grigorkina, Anna Edwards and Anna Starikova; my students who were the first to read the book Edward Asta, James Lumby, Pauline Sculli and Raheem Shapi; and members of the 'Learning the Russian Language' group on LinkedIn. I'd like to particularly thank Roxy-Art Ltd, Russian National Tourist Office and Mr Raheem Shapi for their financial contribution to the publishing of this textbook. Of course, special thanks go to my mother and my wife for their moral support, endless patience and wise advice.

Ignaty Dyakov, 2014

Russian language courses
in London since 2008
— All levels,
— One-to-one and small groups,
— Face-to-face and on-line classes,
— In-company training.
+44 (0) 207 1933 573
info@russianinlondon.com
www.russianinlondon.com

KEEP
CALM
AND
LEARN
RUSSIAN

Китайский . . . .
Вовремя . . . .
Кабинет. . . . .
Кажется. . . . .
Личный (лично) . . . .
Милый . . . .
Не так ли? . . . .
Перейти на ты
     (perf) . . . .
Помощник
     (f — помощница) . . . . . .
Пьянить *(impf)* . . . .
Свежий . . . .
Табличка . . . .
То есть. . . . .
Удивительный
     (удивительно) . . . .
Улыбка . . . .
Этаж. . . . .

ПРОЛОГ

В китайской вазе стояли свежие цветы. Их аромат пьянил.

— Здравствуйте, Любовь. Как у Вас дела? — Джордж вошёл в свой офис на десятом этаже Национального банка Гваделупы.

— Добрый день, Джордж. Хорошо, спасибо. Кажется, вчера мы перешли на ты, не так ли? — с улыбкой ответила его секретарь Любовь. Она сидела за столом с табличкой «Личный помощник вице-президента НБГ». На стене за её креслом висела фоторабота молодой польской художницы Роксаны Чурысек.

— Да-да, милая Любовь, я забыл, извините, извини, — Джордж улыбнулся. — Вы, то есть ты, сегодня удивительно красивая, свежая, как эти цветы!

— Спасибо за комплимент, Джордж. Мне очень приятно. У тебя хорошее настроение?

Рассказ-провокация

Пролог

— Как всегда, мо... Любовь, как всегда, — Джордж вовремя остановился, сделал паузу и не произнёс «моя» до конца. Это мог быть конфуз. «Хорошо, что я вовремя остановился. Не люблю конфузов», — подумал Джордж и вошёл в свой кабинет.

Вопросы

1. Кто такая Любовь?

секретарьша Джорджа

2. Расскажите, что было на столе Любови?

цветы в вазе китайской.

Упражнение

В китайской вазе стоя__ли__ свежие цветы. Их аромат пьяни__л__.

— Здравствуйте, Любовь. Как у Вас дела? — Джордж вошё__л__ в свой офис на десятом этаже банка.

12   Игнатий Дьяков

— Добрый день, Джордж. Хорошо, спасибо. Кажется, вчера мы перешли на ты, не так ли? — с улыбкой ответил его секретарь Любовь. Она сидела за столом с табличкой «Личный помощник вице-президента НБГ».

— Да-да, милая Любовь, я забыл — извините, извини, — Джордж улыбнулся.

Рассказ-провокация

Блузка. . . . .

Возможность (f) . . . .

Вокруг. . . . .

Дверь (f) . . . .

Долгосрочный. . . . .

Заголовок . . . .

Звук . . . .

Лучше . . . .

Медленный (медленно). . . . .

Международный . . . .

Начало . . . .

Однако . . . .

Отношение. . . . .

Переговоры (Pl). . . . .

Подойти *(perf)* . . . .

Последний . . . .

Принести *(perf)* . . . .

Провести*(perf)* . . . .

Ритуал . . . .

Сначала. . . . .

Снова . . . .

Спрашивать (спрашиваю, спрашиваешь... спрашивают) *(impf)*. . . . .

Стимулировать (стимулирую, стимулируешь... стимулируют) *(impf)*. . . . .

Страница. . . . .

Тема . . . .

Тихий (тихо) . . . .

Туфля . . . .

Утренний. . . . .

Юбка . . . .

Глава 1
МАЛЕНЬКИЙ УТРЕННИЙ РИТУАЛ

Джордж сидел за своим столом на десятом этаже банка. У него было много работы — целый день писем, встреч, переговоров... Но сейчас у него было полчаса. Полчаса, когда он мог подумать о стратегии, о долгосрочных планах. Однако сначала ритуал: включить компьютер и принтер, послушать автоответчик («У Вас... ноль новых сообщений»), выпить чашку чая. Эти минуты он мог провести сам с собой. Он сидел за столом, слушал звуки вокруг и пил чай.

Ровно через пять минут он позвонил Любови:

— Доброе утро ещё раз, Любовь! Принеси мне, пожалуйста, газету «Таймс». Нет, больше чая не надо.

Любовь каждое утро спрашивала его, хочет ли он ещё чая; он отвечал ей, что нет, не хочет. Это был их маленький ритуал. Каждое утро он пил только одну чашку чая. Но она спрашивала его снова и снова. А он снова и снова отвечал «нет». Удивительно, как важны для людей их маленькие ритуалы.

Рассказ-провокация

Глава 1

Через минуту Любовь постучала в дверь, открыла её и вошла. Сегодня она была в белой блузке и синей юбке, на ногах — синие туфли. Она улыбнулась и подошла к столу:

— Пожалуйста, Джордж, твоя газета. Я могу взять чашку?

— Да, спасибо. Через двадцать четыре минуты у меня встреча с моей командой. Встреча будет у меня в офисе. Пожалуйста, приготовь нам чай.

— Конечно, Джордж. Мне надо быть на этой встрече?

— Нет-нет, спасибо. У тебя сегодня много дел и без этой встречи, не так ли?

Любовь снова улыбнулась и тихонько вышла из кабинета Джорджа. Он открыл газету, как всегда, последнюю страницу. Нет, Джордж не был арабом, и он не любил спорт. Но это был ещё один его ритуал. Ему были интересны политика и финансы, международные отношения и культура. Эти темы всегда были вначале (на первых страницах) газеты. Однако если открыть её с конца и медленно двигаться к началу, то Джордж мог подумать о стратегии банка. Заголовки стимулировали новые идеи. Неважно, о чём была статья: о спорте или о культуре. Важно, что каждое слово — это идея, каждое слово — это концепция, каждое слово — это возможность сделать стратегию банка лучше.

Вопросы

1. Каков был утренний ритуал Джорджа?
2. Что Джордж попросил Любовь приготовить к встрече с коллегами?
3. Почему Джордж любил читать газеты по утрам?

Упражнение

Вставьте местоимения в правильной форме — Put the pronouns into the right form.

Любовь каждое утро спрашивала _____ (он — he), хочет ли _____ (он — he) ещё чая; он отвечал ей, что нет, не хочет. Это был _____ (они — they) маленький ритуал. Каждое утро _____ (он — he) пил только одну чашку чая. Но _____ (она — she) спрашивала _____ (он — he) снова и снова. А он снова и снова отвечал «нет». Удивительно, как важны для людей их маленькие ритуалы.

Через минуту Любовь постучала в дверь, открыла _____ (она — it) и вошла. Сегодня _____ (она — she) была в белой блузке и синей юбке, на ногах — синие туфли. Она улыбнулась и подошла к столу:

— Пожалуйста, Джордж, твоя газета. _____ (я — I) могу взять чашку?

— Да, спасибо. Через двадцать четыре минуты у _____ (я — I) встреча с моей командой. Встреча будет у _____ (я — I) в офисе. Пожалуйста, приготовь _____ (мы — we) чай.

— Конечно, Джордж. _____ (я — I) надо быть на этой встрече?

— Нет-нет, спасибо. У _____ (ты — you) сегодня много дел и без этой встречи, не так ли?

Аналитик...............
Безопасность (f)..........
Безопасный (безопасно)..........
Важный (важно).........
Вслух................
Входить (вхожу, входишь... входят) *(impf)*.........
Газета................
Газетный..............
График...............
Данные (Pl)............
Движение.............
Дикость (f)............
Жизнь (f)..............
Заразить *(perf)*..........
Знак.................
Игра.................
Имя (n)..............
Использовать (использую, используешь... используют) *(impf)*..............
Картонный.............
Квадрат...............
Конец................
Манекен..............
Надпись (f)............
Нельзя...............

ООН.................
Опасный (опасно)........
Описывать (описываю, описываешь... описывают) *(impf)*..............
Переход...............
Пешеходный переход......
Покупка...............
Полицейский...........
Пустой (пусто)...........
Рамка................
Рисунок...............
Рядом с..............
Скучный (скучно)........
Совет................
Средние века...........
Статья................
США.................
Таблица...............
Точный (точно)..........
Тренер................
Фанат................
Цветной..............
Цифра................
Шутка................
Экономить (экономлю, экономишь... экономят) *(impf)*..............
Юмор................

Глава 2
ГАЗЕТНАЯ БЕЗОПАСНОСТЬ

Сначала на странице 55 был заголовок: «Покупка Рональдо: русский бизнесмен оплатил его трансфер в другой клуб». В статье описывалось, кто и за сколько купил Рональдо, когда начинается его новый контракт. Журналист говорил с тренером и директором клуба, спрашивал, что думают фанаты.

— Какая дикость! — сказал Джордж. — Будто мы живём в средние века — покупают и продают людей...

Он открыл страницу 50. Там была большая фотография: белый квадрат в красной рамке и надпись «Опасно для жизни — не входи». Над фотографией заголовок «Опасный вирус заразил компьютеры в США». Джордж открыл следующую страницу: на ней фотография пустой дороги и пешеходного перехода. Рядом с переходом два новых красно-жёлто-зелёных светофора, а перед ними — синие знаки

Глава 2

«Пешеходный переход» и картонный манекен полицейского. Над фотографией заголовок «Нельзя экономить на безопасности дорожного движения».

— Это правда. Хорошо написали, — Джордж ещё раз посмотрел на фотографию и открыл новую страницу. Там были графики, таблицы, много цифр и ещё больше рисунков. Таблицы и рисунки были цветными, а графики чёрно-белыми. Цифры были цветными, большими и маленькими. А вокруг цифр, графиков и таблиц было много-много текста.

— Как интересно, статья о безопасном сексе, а столько статистики, столько данных! Надо будет прочитать эту статью внимательно вечером. Джордж запомнил номер страницы — 44.

В начале газеты, как всегда, были статьи о политике, экономике и международных отношениях. В заголовках — названия европейских, азиатских и африканских стран, имена политиков и аналитиков, экспертов и учёных. Заголовки здесь обычно более скучные, чем в конце газеты, где журналисты могут использовать шутки и метафоры. В политике и экономике шутить нельзя, здесь важны факты, здесь важно быть точным. Джордж вспомнил, как президент банка говорил: «Юмор не работает в корпоративном мире. Не используйте его на встречах с клиентами, партнёрами и коллегами».

Поэтому Джордж очень удивился, когда вдруг прочитал заголовок, где использовалась игра слов: «Совету Безопасности ООН не нужны советы по безопасности».

Вопросы

1. Какое ключевое слово было в газете Джорджа?
2. Почему Джорджу не нравится профессиональный футбол?
3. Какая статья была особенно интересной для Джорджа?

Упражнение

Он открыл страниц____ 50. Там была большая фотографи____ — на фотографи____ знак: белый квадрат в красной рамк____ и надпись «Опасно для жизн____ — не входи». Над фотографи____ заголовок «Опасный вирус заразил компьютер____ в США». Джордж открыл следующую страниц____: на ней фотографи____ пустой дорог____ и пешеходного переход____. Рядом с переход____ два новых красно-жёлто-зелёных светофор____, а перед ними — синие знак____ «Пешеходный переход____» и картонный манекен____ полицейск____. Над фотографи____ заголовок «Нельзя экономить на безопасност____ дорожного движени____».

Это правда. Хорошо написали, — Джордж ещё раз посмотрел на фотографи____ и открыл новую страниц____. Там были график____, таблиц____, много цифр____ и ещё больше рисунк____. Таблиц____ и рисунк____ были цветными, а график____ чёрно-белыми. Цифр____ были цветными, большими и маленькими. А вокруг цифр____, график____ и таблиц____ было много-много текст____.

Как интересно, статья о безопасном секс____, а столько статистик____, столько данн____! Надо будет прочитать эту стать____ внимательно вечер____, — Джордж запомнил номер____ страниц____ — 44.

Рассказ-провокация

Айтишник . . . .
Бессонный . . . .
Бухгалтер. . . . .
Бухгалтерия . . . .
Вдруг . . . .
Включить *(perf)*. . . . .
Внимательный
 (внимательно) . . . .
Всегда . . . .
Вспомнить *(perf)* . . . .
Глаз (Pl — глаза) . . . .
Дамы и господа . . . .
Добавить *(perf)* . . . .
Исчезать (исчезаю,
 исчезаешь… исчезают)
 (impf) . . . .
Карандаш . . . .
Карман . . . .
Комната. . . . .
Круг . . . .
Круглый . . . .
Наизусть . . . .
Начальник
 (f — начальница) . . . . . .
Опаздывать (опаздываю,
 опаздываешь…
 опаздывают) *(impf)* . . . . .
Переводить (перевожу,
 переводишь… переводят)
 (impf) . . . .
Пиджак . . . .
Повторять (повторяю,
 повторяешь… повторяют)
 (impf) . . . .

Помнить (помню, помнишь…
 помнят) *(impf)* . . . .
Последний . . . .
Приглашать (приглашаю,
 приглашаешь…
 приглашают)
 (impf). . . . .
Причина . . . .
Происходить
 (3rd Pl – происходят)
 (impf) . . . .
Рабочий день . . . .
Сегодня . . . .
Скоро . . . .
Слушать (слушаю,
 слушаешь… слушают)
 (impf) . . . .
Совет . . . .
Сотрудник (f — сотрудница). .
Странный (странно) . . . .
Счёт (Pl — счета) . . . .
Только. . . . .
Тот же самый
 (та же самая, то же самое,
 те же самые) . . . .
Точный (точно) . . . .
Улыбаться (улыбаюсь,
 улыбаешься… улыбаются)
 (impf) . . . .
Усталый (устало) . . . .
Хранить (храню, хранишь…
 хранят) *(impf)* . . . .
Часы (Pl) . . . .

Глава 3
СОВЕТ И ШОК

За дверью послышались голоса. Пришли его коллеги. Джордж посмотрел на часы — 09.57. Коллеги, как всегда, точны, никто не опаздывал. Зазвонил телефон — Любовь спросила, можно ли приглашать сотрудников в кабинет Джорджа.

— Да, конечно, — он закрыл газету и положил её в портфель. Джордж вдруг вспомнил слова, которые он видел каждое утро на мониторе своего компьютера. Он никогда не помнил их наизусть, а сейчас вдруг вспомнил:

> Здравствуй, Джорджик!
> Здравствуй, друг!
> Начинаешь новый круг?
> Начинаешь день рабочий?
> Так и надо — молодец!
> Скоро будет дню конец!

— Скоро будет дню конец... — повторил Джордж.
Дверь открылась, в кабинет начали входить коллеги Джорджа. Все говорили ему «привет», улыбались

Рассказ-провокация

Глава 3

и садились на свои места за круглым столом в центре комнаты. Только начальник ИТ-департамента и главный бухгалтер не улыбались. Они тоже сказали «привет» и сели на свои места, но было очень странно видеть, что они не улыбались. Джордж посмотрел на них внимательно — что случилось?

Последним за стол сел Джордж. Он положил на стол блокнот и карандаш и ещё раз посмотрел на всех коллег — по секунде на каждого, но на бухгалтера и айтишника он посмотрел секунды по четыре, хотел понять, что не так.

— Доброе утро, господа! Извините, я сегодня без прелюдии, потому что я вижу, что у наших коллег из бухгалтерии и IT-департамента есть что сказать нам. Это так, господа?

— Так точно, — айтишник посмотрел на него. Только сейчас Джордж увидел, какие усталые, какие красные у него глаза. Он точно не спал этой ночью. А что же бухгалтер? То же самое — усталые красные глаза; бессонная ночь...

— Мы слушаем, — Джордж подумал и добавил. — Внимательно.

— У нас проблема. Большая проблема, дамы и господа. С наших счетов исчезают деньги клиентов. Всё происходит во время транзакций. Когда мы начинаем переводить деньги, как просят наши клиенты, деньги исчезают. Это происходит уже две недели, но мы узнали о проблеме только вчера вечером. Я и бухгалтер всю ночь пытались найти причины, но увы... Клиентам теперь небезопасно хранить деньги в нашем банке, дамы и господа.

Джордж вынул из кармана пиджака телефон, включил его и написал sms: «Анна, сегодня без ужина. Извини».

Вопросы:

1. О чём любимая песня Джорджа?
2. Что было странным во внешнем виде айтишника и бухгалтера?
3. Расскажите о проблеме Национального банка Гваделупы.

Упражнение:

Дверь открылась, в кабинет____ начали входить коллег____ Джордж____. Все говорили ему «привет», улыбались и садились на свои мест____ за круглым стол____ в центр____ комнат____. Только начальник ИТ-департамент____ и главный бухгалтер____ не улыбались. Они тоже сказали «привет» и сели на свои мест____, но было очень странно видеть, что они не улыбались. Джордж посмотрел на них внимательно — что случилось?

Последним за стол____ сел Джордж. Он положил на стол____ блокнот____ и карандаш____ и ещё раз посмотрел на всех коллег____ — по секунд____ на каждого, но на бухгалтер____ и айтишник____ он посмотрел секунды по четыре, хотел понять, что не так.

Доброе утро, господа! Извините, я сегодня без прелюди____, потому что я вижу, что у наших коллег____ из бухгалтери____ и IT-департамент____ есть что сказать нам. Это так, господа?

Так точно, — айтишник посмотрел на него. Только сейчас Джордж увидел, какие усталые, какие красные у него глаз____. Он точно не спал этой ночь____.

Благодарить (благодарю, благодаришь… благодарят) *(impf)* . . . .
Борьба . . . .
Бумага. . . . .
Вежливый (вежливо) . . . .
Вернуться *(perf)* . . . .
Встать. . . . .
Выделить *(perf)* . . . .
Главный. . . . .
Дело . . . .
Держать в курсе. . . . .
Заверить . . . .
Задавать вопрос (задаю, задаёшь… задают) *(impf)*. . . . .
Закономерность (f). . . . .
Закрыть. . . . .
Заметить *(perf)* . . . .
Записывать (записываю, записываешь… записывают) *(impf)*. . . . .
Иностранец (f — иностранка). . . . . . .
Использовать (использую, используешь… используют) *(impf)*. . . . .
Конец . . . .
Кухня . . . .

Маркер . . . .
Медленный (медленно). . . . .
Мышка . . . .
Нервный (нервно) . . . .
Объяснить *(perf)* . . . .
Осторожный (осторожно). . . . .
Открыть *(perf)* . . . .
Пакетик. . . . .
Папка . . . .
Подозрительный (подозрительно) . . . .
Преступление . . . .
Принести *(perf)* . . . .
Разойтись *(perf)*. . . . .
Расследовать (расследую, расследуешь… расследуют) *(impf)*. . . . .
Сверху. . . . .
Связь (f) (на связи). . . . .
Соединить *(perf)* . . . .
Список . . . .
Ссылка . . . .
Тихий (тихо). . . . .
Холодильник . . . .
Чайник . . . .
Чистый (чисто) . . . .
Шкаф . . . .

Глава 4
ЭХ, РАБОТА!

Когда все разошлись, Джордж позвонил в полицию и попросил соединить его с департаментом по борьбе с экономическими преступлениями. Его соединили с капитаном по имени Тьери. Джордж объяснил ему ситуацию, рассказал всё, что услышал от главного банковского айтишника. Тьери был очень вежлив, задавал много вопросов, говорил «Кто бы мог подумать!» и «Вот это да...», а ещё «Не может быть». И Джордж слышал, как капитан записывал все его слова.

— Очень странное дело, — сказал капитан Тьери в конце разговора. — Очень странное. Но мы будем расследовать его. Могу заверить Вас, что департамент по борьбе с экономическими преступлениями работает очень эффективно. Мы будем держать Вас в курсе.

— Благодарю Вас, капитан. Остаёмся на связи.

Джордж взял в руку мышку и открыл свою электронную почту, просмотрел все письма, даже в папке «Спам». Он пытался вспомнить, открывал ли он какие-нибудь подозрительные письма и кликал ли на странные ссылки. Но нет, ничего такого: Джордж

...был очень осторожным. После обеда он позвонил в IT-отдел и спросил о работе антивируса в банке, и здесь всё было в норме, потому что в Национальном банке Гваделупы использовали антивирус Касперского, а он знает своё дело. Всё было чисто.

Из бухгалтерии принесли список транзакций. Бухгалтер выделила проблемные транзакции красным маркером. Джордж смотрел на эти красные линии в тексте снова и снова. Так прошёл час, второй, третий... Джордж встал и подошёл к окну, открыл его, потом вернулся к своему столу и посмотрел на бумаги сверху. Вдруг он увидел закономерность. Как он мог не заметить этого раньше?! Конечно, была чёткая закономерность: красным были выделены только имена иностранных клиентов. Джордж закрыл глаза, снова открыл, сел на своё место и посмотрел на списки транзакций внимательно. Так и есть — проблемы были только со счетами иностранцев.

Джордж нервно встал и быстро пошёл на офисную кухню, открыл холодильник, посмотрел, не видя, и закрыл его. Потом подошёл к шкафу, взял большую чашку и несколько пакетиков зелёного чая. Посмотрел на чайник и взял его тоже. Тихо и медленно он прошёл в свой кабинет.

Вопросы

1. Куда позвонил и с кем разговаривал Джордж после встречи с коллегами?
2. Что делал Джордж после разговора по телефону?
3. Что смог понять Джордж из документов, которые принесла ему бухгалтер?

Упражнение

Джордж взял в руку мышку и открыл свою электронн___ почту, просмотрел все письма, даже в папке «Спам». Он пытался вспомнить, открывал ли он как___-нибудь подозрительн___ письма и кликал ли на странн___ ссылки. Но нет, ничего так___: Джордж всегда был очень осторожн___. После обеда он позвонил в ИТ-отдел и спросил о работе антивируса в банке. Нет, и здесь всё было в норме, потому что в Национальн___ банке Гваделупы использовали антивирус Касперск___, а он знает своё дело. Всё было чисто.

Из бухгалтерии принесли список транзакций. Бухгалтер выделила проблемн___ транзакции красн___ маркером. Джордж смотрел на эти красн___ линии в тексте снова и снова. Так прошёл час, втор___, трет___… Джордж встал и подошёл к окну, открыл его, потом вернулся к сво___ столу и посмотрел на бумаги сверху. Вдруг он увидел закономерность. Как он мог не заметить этого раньше?! Конечно, была чётк___ закономерность: красн___ были выделены только имена иностранн___ клиентов.

Рассказ-провокация

Беспокойство . . . .
Вздохнуть (perf) . . . .
Вокруг. . . . .
Выбирать (выбираю,
    выбираешь... выбирают)
    (impf) . . . .
Высокий (высоко) . . . .
Горе . . . .
Градус . . . .
Гулять (гуляю, гуляешь...
    гуляют) (impf) . . . .
Давиться (давлюсь, давишься...
    давятся) (impf) . . . .
Давно . . . .
Ждать (жду, ждёшь... ждут)
    (impf) . . . .
Забыть (perf) . . . .
Известный (известно). . . . . .
Именно . . . .
Летать (летаю, летаешь...
    летают) (impf) . . . .
Лечить (лечу, лечишь... лечат)
    (impf) . . . .
Лить (лью, льёшь... льют)
    (impf) . . . .

Мусорное ведро. . . . .
Однажды . . . .
Оставить (perf) . . . .
Остаться (perf) . . . .
Песня . . . .
Пол. . . . .
Правильный
    (правильно). . . . .
Приёмная. . . . .
Просить прощения (прошу,
    просишь... просят)
    (impf) . . . .
Сердце. . . . .
Случиться (perf) . . . .
Страшный (страшно) . . . . . .
Стрелять (стреляю,
    стреляешь...
    стреляют) . . . .
Стучать (стучу, стучишь...
    стучат) (impf). . . . .
Утка . . . .
Уходить (ухожу, уходишь...
    уходят) (impf) . . . .
Японец (f — японка). . . . . . .

Глава 5
ЗАПИТЬ ГОРЕ

В дверь постучали, вошла Любовь.

— Ой! Джордж, но Вы же не пьёте! Почему всё это?.. — она посмотрела вокруг.

На столе, у компьютера, на принтере, даже на полу стояли чашки. В некоторых чашках были остатки зелёного чая, некоторые были пустыми. За монитором стоял чайник. В мусорном ведре было много пакетиков из-под чая.

— Джордж, это зелёный чай?! Вы не любите зелёный, вы всегда пили только чёрный чай. Для зелёного чая надо ждать, когда вода станет 80 градусов, а Вы не любите ждать. Я правильно помню? Что случилось?

— Я не ждал... Я вообще ничего больше не жду... Случилось страшное; мне надо было забыть обо всём. Я лил из чайника воду 100 градусов. Это неправильно, знаю. Но мне неважно, какой будет вкус чая. Тот, кто хочет пить, воду не выбирает, как говорят японцы, — Джордж грустно улыбнулся. — Я хочу пить, и я пью.

Рассказ-провокация

Глава 5

Случилась катастрофа. Я не хочу говорить об этом. Хочу остаться один и пить.

И он бросил в мусорное ведро ещё один пакетик из-под чая. Подумал, вздохнул и налил в чашку воду из чайника.

> Я помню, давно учили меня отец мой и мать:
> **Лечить — так лечить, любить — так любить,**
> **Гулять — так гулять, стрелять — так стрелять.**
> **Но утки уже летят высоко,**
> **Летать — так летать…**

Джордж пропел известную русскую песню. Он слышал её однажды по радио много лет назад, но слова не забыл. Они остались в его сердце. Это была песня именно для такого момента, как сейчас.

— Да, летать — так летать, Любовь… Я должен придумать, что делать. А сейчас — уходите, пожалуйста, и оставьте меня.

— Хорошо, я поняла Вас, Джордж… Прошу прощения за беспокойство. Грустно, что Вы так много пьёте, но чаем на Руси ещё никто не подавился. Я ухожу.

Любовь пошла к двери.

— Да, Любовь, почему мы снова на Вы? Нехорошо… Хотя в этой ситуации, может быть, так и надо.

Любовь посмотрела на него, открыла дверь и вышла в приёмную. Дверь кабинета тихо закрылась.

Вопросы

1. Что увидела Любовь, когда вошла в кабинет Джорджа?
2. О чём песня, которую пропел Джордж Любови?
3. Как Вы думаете, почему Любовь снова перешла на Вы с Джорджем?

Упражнение

На стол____, у компьютер____, на принтер____, даже на пол____ стояли чашк____. В некоторых чашк____ были остатк____ зелёного ча____, некоторые были пустыми. За монитором стоял чайник____. В мусорном ведр____ было много пакетик____ из-под ча____.

— Джордж, это зелёный ча____?! Вы не любите зелёный, вы всегда пили только чёрный ча____. Для зелёного ча____ надо ждать, когда вод____ станет 80 градус____, а Вы не любите ждать. Я правильно помню? Что случилось?

— Я не ждал… Я вообще ничего больше не жду… Случилось страшное; мне надо было забыть обо всём. Я лил в чайник____ вод____ 100 градус____. Это неправильно, знаю. Но мне не важно, какой будет вкус____ ча____. Тот, кто хочет пить, вод____ не выбирает, как говорят японц____, — Джордж грустно улыбнулся. — Я хочу пить, и я пью. Случилась катастроф____. Я не хочу говорить об этом. Хочу остаться один и пить.

И он бросил в мусорное ведр____ ещё один пакетик____ из-под ча____. Подумал, вздохнул и налил в чашк____ вод____ из чайник____.

Рассказ-провокация

Бульвар . . . .
Вниз . . . .
Внизу . . . .
Воздух . . . .
Впереди . . . .
Вслух . . . .
Выключить (perf) . . . .
Голос . . . .
Городской . . . .
Грустный (грустно) . . . .
Далёкий . . . .
Дальше . . . .
Жалюзи . . . .
Закон . . . .
Звук . . . .
Корма (за кормой) . . . .
Кроме того . . . .
Море . . . .
Мошенник
   (f — мошенница) . . . .
Мудрый (мудро) . . . .

Надёжный (надёжно) . . . . . .
Нарушать закон (нарушаю,
   нарушаешь… нарушают)
   (impf) . . . .
Повторить (perf) . . . .
Преступник
   (f — преступница) . . . . . .
Путь (m) . . . .
Решение . . . .
Сад . . . .
Свет . . . .
Свободный
   (свободно) . . . .
Ставить (ставлю, ставишь…
   ставят) (impf) . . . .
Страдать (страдаю,
   страдаешь…
   страдают) . . . .
Терять (теряю, теряешь…
   теряют) (impf) . . . .
Этаж . . . .
Ясный (ясно) . . . .

Глава 6
ДАЛЁКИЙ ПУТЬ ДОМОЙ

Дверь кабинета тихо закрылась. Джордж посмотрел на неё, потом медленно встал, взял чашку и подошёл к окну. Свободной рукой он открыл жалюзи и посмотрел на улицу. Его кабинет был на десятом этаже. Внизу, на улице, ходили люди, медленно ехали машины, а дальше — бульвар с пальмами, городской сад и… море, синее море.

> Синее море — только море за кормой,
> Синее море, и далёк он, путь домой…

Сегодня Джордж хотел петь больше, чем обычно. Но песни, которые он вспоминал, были грустными. Ему не нравилась ситуация в банке. Не нравилось, что клиенты банка пострадали от рук мошенников. Конечно, полиция найдёт преступников. Но репутация Национального банка Гваделупы может пострадать, если он не будет ничего делать. Этика и законы PR требовали, чтобы банк участвовал в решении проблемы.

Глава 6

Он должен придумать, что делать, должен найти выход из этой ситуации. Если он найдёт решение проблемы, репутация банка не пострадает, а клиенты будут благодарить его. Только что делать? Это был важный вопрос, но у Джорджа не было на него ответа.

Он открыл окно и посмотрел вниз. Он мог слышать голоса людей на улице, звуки машин. Свежий тёплый воздух пьянил. Джордж снова посмотрел дальше — на море и снова вспомнил грустную песню, которую он пел только минуту назад. Или прошло уже десять минут? Он потерял счёт времени… Одно было ясно. Был уже вечер, а по закону Гваделупы он, банкир, не мог работать по вечерам. Он должен идти домой. Кроме того, русские говорят: «Утро вечера мудренее», что значит, что шансов найти решение проблемы больше утром, чем вечером.

— Да, правда, утро вечера мудренее, — повторил Джордж вслух. — Сейчас я закрою окно, оставлю на столе чашку, возьму свою сумку и пойду домой. Я хочу найти выход из этой ситуации, но не хочу нарушать закон.

Джордж ещё раз посмотрел на море, потом закрыл окно и жалюзи. Внимательно посмотрел на стену, где висела яркая, украшенная алмазами фотоинсталляция Roxy-Art, подарок его знакомого лондонского банкира. Подошёл к столу, поставил чашку и выключил компьютер. Взял в руку сумку, немного подумал, открыл её и положил в неё какие-то документы со стола.

— Так будет правильно, так будет надёжно, — снова сказал он вслух, потом подошёл к двери, открыл её, выключил свет и медленно вышел в приёмную.

Впереди была ночь.

Вопросы

1. Что видел Джордж из окна кабинета?
2. Почему Джордж должен был идти домой вечером?
3. Джордж положил в сумку какие-то документы. Как Вы думаете, что случится потом?

Упражнение

Он открыл окн____ и посмотрел вниз. Он мог слышать голос____ люд____ на улиц____, звук____ машин____. Свежий тёплый воздух пьянил. Джордж снова посмотрел дальше — на мор____ и снова вспомнил грустную песн____, которую он пел только минут____ назад. Или прошло уже десять минут____? Он потерял счёт____ времен____... Одно было ясно. Был уже вечер, а по закон____ Гваделуп____ он, банкир, не мог работать по вечер____. Он должен идти домой. Кроме того, русские говорят: «Утро вечера мудренее», что значит, что шансов найти решени____ проблем____ больше утром, чем вечером.

— Да, правда, утро вечера мудренее, — повторил Джордж вслух. — Сейчас я закрою окн____, оставлю на стол____ чашк____, возьму свою сумк____ и пойду домой. Я хочу найти выход____ из этой ситуаци____, но не хочу нарушать закон____.

Джордж ещё раз посмотрел на мор____, потом закрыл окн____ и жалюзи. Подошёл к стол____, поставил чашк____ и выключил компьютер____. Взял в руку сумк____, немного подумал, открыл её и положил в неё какие-то документ____ со стол____.

— Так будет правильно, так будет надёжно, — снова сказал он вслух, потом подошёл к двер____, открыл её, выключил свет____ и медленно вышел в приёмн____.

Болеть (болею, болеешь... болеет) *(impf)*.........

Вместе................

Голова................

Голос.................

Громкий (громко)..........

Дерево (Pl — деревья)......

Звучать (звучу, звучишь... звучат) *(impf)*.........

Значит................

Колонка...............

Лёгкий (легко)...........

Летний ....

Любимый..............

Мешать (мешаю, мешаешь... мешают) *(impf)*........

Направление............

Платье................

Повернуться *(perf)*........

Погода................

Поезд (Pl — поезда).......

Поздний (поздно)..........

Разговаривать (разговариваю, разговариваешь... разговаривают) *(impf)*..............

Ребята (Pl).............

Сильный (сильно)........

Скамейка..............

Сконцентрироваться *(perf)*...............

Сниться (снюсь, снишься... снятся) *(impf)*.........

Совсем ....

Соседний..............

Стоять (стою, стоишь... стоят) *(impf)*..............

Уважаемый ....

Уехать *(perf)*............

Глава 7
ТЁМНОЙ НОЧЬЮ В ПАРКЕ

Домой Джордж решил идти через парк. Темно, но погода хорошая, и в парке много деревьев, значит, там свежий воздух. Джорджу сейчас нужен был свежий воздух. После того как он выпил столько чашек зелёного чая, голова очень болела.

Он вошёл в парк. «Как хорошо!» — подумал Джордж, постоял на месте, потом пошёл дальше. Впереди были скамейки. «Ещё не очень поздно. Нужно посидеть и подумать…»

Джордж сидел в парке и думал, что делать. Снова этот вопрос, любимый вопрос русских — «что делать».

На соседней скамейке сидела компания молодых людей. Они разговаривали и слушали музыку. Она звучала громко. Слишком громко. Джордж никак не мог сконцентрироваться. Он снова и снова возвращался к вопросу, что делать, но музыка мешала ему. «Что делать» звучало в его голове, но потом — потом музыка из колонок:

    Я уеду жить в Лондон,
    Я уеду жить в Лондон!
    Я уеду туда, где большая вода,
    Может быть, навсегда.

Рассказ-провокация

Глава 7

Я уеду жить в Лондон,
Мне Москва будет сниться.
Но проблема одна —
В направлении том
Из Москвы никогда
Не идут поезда.
Я уеду жить в Лондон...

Джордж не хотел слушать, но музыка играла так громко, молодые люди разговаривали... Никак не сконцентрироваться, чёрт подери.

— Стоп, — сказал себе Джордж. — А, может быть, это и есть ответ на мой вопрос?

Джордж посмотрел на компанию молодых людей, встал и подошёл к ним.

— Уважаемые, извините.

— Добрый день! Ой, мы Вам мешаем — громкая музыка? — одна девушка повернулась к Джорджу и улыбнулась. Девушке было лет 20, не больше. На ней было лёгкое летнее синее платье. Оно удивительно гармонировало с её голубыми глазами. — Мы больше не будем, правда. Ребята, давайте выключим музыку, — она повернулась к компании. — Извините, пожалуйста.

— Что вы — совсем нет, совсем нет. У вас удивительно красивая музыка. Сейчас играла одна песня — скажите, пожалуйста, кто её автор? Кто поёт?

— Сейчас? Ой, ребята, это был Лепс, да?

— Да, Лепс, Григорий Лепс, русский поп-певец. У него сильный голос, а эта песня — его хит. Она во всех хит-парадах уже много лет, — к ним подошёл молодой человек в голубых джинсах.

— Я слышал там и рэп-мотивы, — сказал Джордж; он был специалист по песням.

— Да, Вы правы. Лепс поёт эту песню дуэтом с рэппером Тимати. Лепсу уже много лет, больше пятидесяти точно, а вот Тимати ещё молодой. Но они поют эту песню вместе — отцы и дети без конфликта, — улыбнулся молодой человек.

— Интересно, очень интересно, — медленно сказал Джордж. — Ребята, можно ещё раз включить эту песню, пожалуйста?

— Да, конечно, без проблем, — молодой человек повернулся, подошёл к скамейке и взял с неё айпод. Секунда, и из колонок Лепс снова пропел:

> Я уеду жить в Лондон,
> Я уеду жить в Лондон!
> Я уеду туда, где большая вода,
> Может быть, навсегда.

Вопросы

1. Что делал Джордж по дороге домой?
2. О чём песня Григория Лепса?
3. Как Вы думаете, зачем Джордж попросил включить песню Лепса ещё раз?

Упражнение

Домой Джордж решил идти через парк. Темно, но погода хорош____, и в парке много деревьев, значит, там свеж____ воздух. Джорджу сейчас нужен был свеж____ воздух. После того как он выпил столько чашек зелён____ чая, голова очень болела.

…

Джордж сидел в парке и думал, что делать. Снова этот вопрос, любим____ вопрос русск____ — «что делать».

На соседн____ скамейке сидела компания молод____ людей. Они разговаривали и слушали музыку.

Живот...............	Пиджак..............
Карман..............	Положить *(perf)*.........
Коричневый...........	Собираться (собираюсь, собираешься... собираются) *(impf)*.............
Менять (меняю, меняешь... меняют) *(impf)*.......	
Милый...............	Темнеть (темнею, темнеешь... темнеют) *(impf)*.......
Мобильник............	
Надежда.............	Швейцария...........

Глава 8
ПЕРВЫМ ДЕЛОМ КОНСУЛЬТАНТЫ

«Лондон не Лондон, но в Швейцарии можно найти хорошего консультанта. В Швейцарии традиции, хорошая репутация, люди говорят на трёх языках... В Лондоне был серьёзный кризис; газеты, радио и ТВ очень нехорошо говорили об английских банках и фирмах, но я никогда не слышал плохих слов о швейцарских банках и консалтинговых фирмах. Это вариант. Мне нужно найти швейцарского консультанта с хорошей репутацией. Если я найду его, Национальный банк Гваделупы решит проблему», — так думал Джордж, когда собирался утром, чтобы идти из дома в офис.

Той ночью он спал немного. Вечером он думал о песне Лепса, мелодия не выходила из его головы, а слова… слова давали надежду. Утром он встал рано, раньше, чем обычно. Он очень хотел прийти в банк раньше, найти консультанта и решить проблему.

«А говорят, музыка не помогает думать. Неправда, одна песня русского поп-певца, и у меня уже есть план», — Джордж улыбнулся и пропел:

Рассказ-провокация

Глава 8

Первым делом, первым делом самолёты,
Ну а девушки, а девушки потом.

— Нет, нужно поменять слова, — сказал он и пропел ту же мелодию снова:

Первым делом, первым делом консультанты,
Ну а девушки, а девушки потом.

Он улыбнулся ещё раз, закрыл на секунду глаза и подумал о том, как сейчас он найдёт консультанта, а вечером пойдёт ужинать с Анной. В этот момент зазвонил телефон. Джордж открыл глаза, положил руку в карман пиджака и нашёл мобильник:

— Джордж Ажжан. Слушаю.
— Джордж, милый, привет! Это Анна. Как дела? Как настроение?
— Очень хорошее, Анна, очень хорошее, даже отличное, я должен признать.
— Как я рада, милый! Значит, мы идём в ресторан сегодня вечером?
— Да, конечно, как обычно. Извини, пожалуйста, родная, что вчера не были. Вчера было такое плохое настроение, такие проблемы!..
— Понимаю, всё в порядке. Тогда до встречи в нашем ресторане в семь.
— Договорились. До встречи! Целую.

Джордж положил телефон на кровать. Потом подумал и... вдруг в глазах потемнело, заболели голова и живот — портфель! Он хотел положить телефон сразу в портфель, но его не было. Он вспомнил, что портфель остался на скамейке. Скамейка в парке, портфель на скамейке, в портфеле — документы. Документы, которые он взял из кабинета вчера вечером. Джордж видел портфель, как сейчас: коричневый на белой скамейке. Музыка из колонок. Молодые люди. Улыбка девушки. А вокруг — ночь.

Вопросы

1. Что решил делать Джордж?
2. О чём договорились по телефону Анна и Джордж?
3. О чём вспомнил Джордж, когда поговорил с Анной?

Упражнение

«Лондон не Лондон, но в Швейцари____ можно найти хорошего консультант____. В Швейцари____ традиции, хорошая репутаци____, люди говорят на трёх язык____… В Лондон____ был серьёзный кризис____; газеты, радио и ТВ очень нехорошо говорили об английских банк____ и фирм____, но я никогда не слышал плохих слов о швейцарских банк____ и консалтинговых фирм____. Это вариант____. Мне нужно найти швейцарского консультант____ с хорошей репутаци____. Если я найду его, Национальный банк Гваделуп____ решит проблем____», — так думал Джордж, когда собирался утр____, чтобы идти из дом____ в офис____.

Той ночь____ он спал немного. Вечер____ он думал о песн____ Лепс____, мелоди____ не выходила из его голов____, а слов____… слов____ давали надежд____. Утр____ он встал рано, раньше, чем обычно. Он очень хотел прийти в банк____ раньше, найти консультант____ и решить проблем____.

»А говорят, музык____ не помогает думать. Неправда, одна песн____ русского поп-певц____, и у меня уже есть план____», — Джордж улыбнулся.

Рассказ-провокация

Будущий . . . .

Гудок. . . . .

Держать в курсе (держу, держишь... держат) *(impf)* . . . .

Замечательный (замечательно) . . . .

Зачем . . . .

Звонить (звоню, звонишь... звонят) *(impf)* . . . .

Кровать (f) . . . .

Мюсли. . . . .

Навек . . . .

Новость (f) . . . .

Парикмахер . . . .

Прошлый. . . . .

Расследование. . . . .

Сериал . . . .

Соединять (соединяю, соединяешь... соединяют) *(impf)* . . . .

Создать (создаю, создаёшь... создают) *(impf)* . . . .

Сразу . . . .

Срочный (срочно) . . . .

Тарелка . . . .

Тишина . . . .

Уверенный . . . .

Чёрт подери . . . .

Глава 9
НЕТ ПОРТФЕЛЯ — ОТЛИЧНАЯ НОВОСТЬ!

«Ночь, и тишина, данная навек!» — пропел Джордж. — Да-да, эта песня из старого русского криминального сериала сейчас очень в тему. Но нужно что-то делать, сразу. Что делать? Звонить в службу безопасности банка. Так, где телефон?

Телефон был там, куда он его положил, — на кровати.

Ноль-три-ноль-семьдесят четыре-пятьдесят шесть-восемьдесят.

— Девушка, доброе утро! Джордж Ажжан, вице-президент. Как у Вас дела? У меня тоже всё хорошо, спасибо. Соедините, пожалуйста, с начальником службы безопасности. Нет на месте? Тогда дайте его мобильный. Это срочно. Можете соединить с ним на мобильный? Отлично. Жду.

Гудок, ещё гудок, ещё один... через двадцать секунд Джордж услышал:

Глава 9

— Слушаю, господин Ажжан. Секретарь сказала, что это срочно. Чёрт подери, это должно быть очень срочно, если Вы звоните перед завтраком!

— Извините, Питер, это и правда срочно. Вчера вечером я потерял портфель, а в нём документы с информацией о транзакциях иностранных клиентов — прошлые и будущие, все данные их счетов. Катастрофа!

— Мда, неприятно, — ответил Питер. — Я сейчас позвоню в банк, посмотрим, что случилось ночью. Интересно, сколько денег мы потеряли... Будем менять и данные счетов иностранцев. Буду держать Вас в курсе.

— Извините, что я создал такие проблемы. И зачем я положил документы в портфель?!

— Ничего страшного, господин Ажжан, бывает... Я позвоню Вам, когда будет информация. А Вы пока позавтракайте, — в телефоне зазвучали гудки.

Джордж пошёл на кухню, открыл холодильник, взял оттуда соевое молоко. Потом поставил чайник. Из шкафа взял мюсли, положил их в тарелку, налил молоко.

Позвонил телефон.

— Джордж, господин Ажжан, Вы не поверите! — в телефоне звучал голос Питера из службы безопасности. — Этой ночью не было ни одной проблемной транзакции. Вообще. Всё идеально. Это удивительно! Последние две недели у нас были регулярные проблемы со счетами иностранных клиентов, а этой ночью ничего. Я не понимаю, как это случилось.

— Какая замечательная новость! Но Вы уверены, Питер?

— Да, абсолютно. Не беспокойтесь.

48   Игнатий Дьяков

— Подождите, я проверю свою электронную почту. Вдруг кто-то из моих клиентов написал? Минуту. О, точно, письмо от моего клиента, итальянского парикмахера. Так-так, он пишет, что транзакция не прошла...

— Этой ночью?!

— Минуту, читаю. Нет, он послал деньги три дня назад, но написал только сейчас, говорит, что ждал эти три дня, но безрезультатно.

— Значит, этой ночью проблем не было, не так ли?

— Так. Но давайте искать его деньги. Я позвоню ему сейчас, узнаю всё: куда он послал деньги и сколько. А Вы начинайте расследование. Давайте встретимся в 10 в банке.

— Договорились. В 10. У Вас в кабинете?

— Да, давайте у меня. До встречи!

Вопросы

1. Куда позвонил и с кем говорил Джордж?

2. Что предложил делать Питер?

Глава 9

3. Какую новость рассказал Джорджу Питер во время их второго разговора?

_____
_____
_____
_____
_____

Упражнение

»Ночь, и тишина, данн____ навек!» — пропел Джордж. — Да-да, эта песня из стар____ русск____ криминальн____ сериала сейчас очень в тему. Но нужно что-то делать, сразу. Что делать? Звонить в службу безопасности банка. Так, где телефон?

Телефон был там, куда он его положил, — на кровати. Ноль-три-ноль-семьдесят четыре-пятьдесят шесть-восемьдесят.

— Девушка, доброе утро! Джордж Ажжан, вице-президент. Как у Вас дела? У меня тоже всё хорош____, спасибо. Соедините, пожалуйста, с начальником службы безопасности. Нет на месте? Тогда дайте его мобильн____. Это срочно. Можете соединить с ним на мобильн____? Отличн____. Жду.

Гудок, ещё гудок, ещё один... через двадцать секунд Джордж услышал:

— Слушаю, господин Ажжан. Секретарь сказала, что это срочн____. Чёрт подери, это должно быть очень срочн____, если Вы звоните перед завтраком!

50 Игнатий Дьяков

— Извините, Питер, это и правда срочн____. Вчера вечером я потерял портфель, а в нём документы с информацией о транзакциях иностранн____ клиентов — прошл____ и будущ____, все данные их счетов. Катастрофа!

Бывший . . . .
Возраст . . . .
Гастроли . . . .
Гора . . . .
Дальше . . . .
Заказчик . . . .
Клясться (клянусь, клянёшься... клянутся) *(impf)* . . . .
Надеяться (надеюсь, надеешься... надеются) *(impf)* . . . .
Назад . . . .
Нести (несу, несёшь... несут) *(impf)* . . . .
Объяснять (объясняю, объясняешь... объясняют) *(impf)* . . . .

Опаздывать (опаздываю, опаздываешь... опаздывают) *(impf)* . . . .
Парикмахерская . . . .
Переезжать (переезжаю, переезжаешь... переезжают) *(impf)* . . . .
Платить (плачу, платишь... платят) *(impf)* . . . .
Почти . . . .
Пригород . . . .
Рад . . . .
Средний . . . .
Странный (странно) . . . .
Страховая компания. . . . . . .
Точный (точно) . . . .

Глава 10
РУССКО-ИТАЛЬЯНСКАЯ ДРУЖБА

Пока Джордж искал в электронной почте письмо с телефоном итальянского парикмахера, пришла sms-ка от начальника службы безопасности: «Позавтракал. Еду в банк. Ещё одна хорошая новость: Ваш портфель принесли». Джордж ответил вопросом: «Кто?» — «Девушка в голубых джинсах. Улыбалась». — «Ей сказали спасибо?» — «Да, конечно. И подарили ей два билета в Мариинский театр. У него сейчас гастроли на Гваделупе». — «Отлично. Рад. Спасибо. До встречи в 10».

Джордж вернулся в электронную почту. Вот первое письмо от VIP-парикмахера, там его номер телефона. Телефон в руку, номер, гудок, ещё гудок:

— Buon giorno.

— Добрый день. Это Джордж, вице-президент Национального банка Гваделупы.

— А-а, Джордж, здравствуйте! Как дела? Я послал Вам письмо, у меня проблемы со счётом, с переводом денег на другой счёт.

Рассказ-провокация 53

— Да-да, поэтому я и решил позвонить Вам сразу. Извините за такие проблемы. Вы пишете, что послали деньги три дня назад, не так ли?

— Да, точно, и я ждал и ждал, но ничего.

— Странно, очень странно. У нас в банке сейчас большая проблема со счетами иностранных клиентов. Деньги исчезают. Конечно, я немедленно скажу моим коллегам, и Ваши деньги переведут. Страховая компания заплатит за это. Но могу я задать Вам несколько вопросов, чтобы расследовать это странное дело?

— Да, давайте, Джордж. Неприятная ситуация, будет здорово, если вы расследуете её. Я тоже не хочу проблем и не хочу, чтобы у вас были проблемы. У вашего банка хорошая репутация. Она не должна страдать из-за мошенников.

— Конечно. Ещё раз приношу извинения. Итак, сколько денег Вы перевели, то есть пытались перевести?

— 15 миллионов евро.

— Это Ваши деньги?

— Да, почти.

— Извините, что значит «почти»?

— Это так важно?

— Да, я должен знать.

— Ну, это деньги моего клиента. Он пришёл однажды в парикмахерскую, положил свой портфель на стул, а когда уходил, забыл его. Я нашёл его вечером, не знал, чей это портфель. Поэтому открыл его и посмотрел, что там. Я надеялся, там будут документы или визитки с именем моего клиента, тогда я смогу понять, кто забыл портфель и вернуть его. Но в нём были только деньги — 15 миллионов евро.

— Только деньги и ничего больше?

— Да, мамой клянусь, только деньги.

— И Вы не удивились, что там так много денег?

— Нет, конечно. Я VIP-парикмахер, у моих клиентов есть деньги. Ничего удивительного. Так вот я решил положить деньги на мой счёт в вашем банке, пока клиент не вернётся за своим портфелем. А три дня назад клиент пришёл ко мне и спросил про свой портфель. Я объяснил ему, что его деньги на моём гваделупском счёте, и спросил, куда перевести их. Он дал номер счёта, а дальше Вы знаете...

— Ясно. Спасибо за информацию.

— А что говорит ваша служба безопасности?

— Говорят, что они нашли IP компьютера, с которого идут атаки. Этот компьютер, даже компьютерная сеть, находится на Урале.

— Урал? Это горы в России, да? Они делят страну на две части — азиатскую и европейскую. Я прав?

— Да-да, это горная сеть в России. Так вот наша служба безопасности узнала, что атаки идут оттуда, но это всё, что мы знаем. Нам нужна помощь консультантов...

— Россия — это не проблема. У меня есть друг в России. Он был парикмахером, VIP-парикмахером, как и я. Потом у него был кризис среднего возраста, и он решил поменять свою жизнь: купил родстер, переехал из центра Москвы в пригород, получил новую квалификацию, открыл консалтинговую фирму. А его первыми заказчиками стали его бывшие клиенты — это плюс работы VIP-парикмахером. Он точно поможет, если скажете ему, что Вы от меня. Я пришлю его номер sms-кой.

— О, спасибо большое! Я позвоню ему немедленно. Я буду держать Вас в курсе. До свидания! — Джордж положил телефон и посмотрел на часы. — Боже, я опаздываю! Мы же договорились встретиться с начальником службы безопасности в десять. Но я рад, что есть свет в конце тоннеля, рад, что поговорил с итальянцем сейчас и что он и его русский друг могут помочь мне, — говорил себе Джордж, пока надевал пиджак. — И настроение хорошее, можно ужинать с Анной сегодня вечером и не думать ни о чём.

Вопросы

1. Что узнал Джордж из sms-ок Питера?

_____

_____

_____

2. Чьи деньги пропали у итальянского парикмахера? Откуда они у него?

_____

_____

_____

3. Что порекомендовал Джорджу его клиент, итальянский парикмахер?

_____

_____

_____

Упражнение

Пока Джордж искал в электронн___ почте письмо с телефоном итальянск___ парикмахера, пришла sms-ка от начальника службы безопасности: «Позавтракал. Еду в банк. Ещё одна хорош___ новость: Ваш портфель принесли». Джордж ответил вопросом: «Кто?». — «цДевушка в голуб___ джинсах. Улыбалась». — «Ей сказали спасибо?» — «Да, конечно. И подарили ей два билета в Мариинск___ театр. У него сейчас гастроли на Гваделупе». — «Отлично. Рад. Спасибо. До встречи в 10».

Джордж вернулся в электронн___ почту. Вот перв___ письмо от VIP-парикмахера, там его номер телефона. Телефон в руку, номер, гудок, ещё гудок:

— Buon giorno.

— Добрый день. Это Джордж, вице-президент Национальн___ банка Гваделупы.

— А-а, Джордж, здравствуйте! Как дела? Я послал Вам письмо, у меня проблемы со счётом, с переводом денег на друг___ счёт.

Аплодисменты . . . .
Везёт
  (Past — повезло) . . . .
Выбирать (выбираю,
  выбираешь... выбирают)
  (impf) . . . .
Душа. . . . .
Заказать *(perf)*. . . . .
Заранее . . . .
Метрдотель . . . .
Мечтать (мечтаю, мечтаешь...
  мечтают) *(impf)* . . . .

Мудрый (мудро) . . . .
Общество. . . . .
Признавать (признаю,
  признаёшь... признают)
  (impf). . . . .
Развитый. . . . .
Рай. . . . .
Тихий (тихо) . . . .
Цыган
  (Pl — цыгане) . . . .
Честно говоря . . . .
Честный (честно). . . . .

Глава 11
ВЕЗЁТ ХОРОШИМ ЛЮДЯМ!

— Ты не заказал столик? — Анна посмотрела на Джорджа с удивлением, когда вечером они стояли в ресторане у стойки метрдотеля.

— Нет, не заказал. Честно говоря, я думал, что нам не надо заказывать его, потому что мы приходим сюда каждую неделю, — Джордж сказал тихо. — Вы не помните нас? — он спросил метрдотеля.

— Я, конечно, помню вас, господин Ажжан. Но Вы понимаете, у нас сегодня концерт. Известная русская певица девяностых годов Лариса Долина — слышите?

В другом углу ресторанного зала пела русская поп-дива:

> А в ресторане, а в ресторане
> А там гитары, а там цыгане,
> И что душа захочет — выбирай,
> И где-то здесь начинается рай...

— Может быть, мне надо использовать административный ресурс, как ты думаешь, дорогая?

Рассказ-провокация

Глава 11

— Нет, не надо, это некрасиво. Так делают только неразвитые люди в неразвитых обществах.

— Да, конечно, ты права, — как всегда, — улыбнулся Джордж. — Ты мудрая женщина, Анна.

— Спасибо за комплимент, милый Джордж. Мне приятно, что ты так думаешь и честно признаёшь это. О чём ещё может мечтать женщина?!

— О том, чтобы её честный мужчина заказал столик в ресторане заранее, я думаю...

— Это правда. Но что мы будем делать сейчас?

— Мы можем надеяться на то, что нам повезёт. Честным людям часто везёт. Это закон, — сказал Джордж.

— Господин Ажжан, извините, — подошёл к ним метрдотель. — Одна пара сейчас уходит, у нас будет свободный столик. И он — ваш.

— Удивительно, правда, Анна? Мы сейчас говорили о том, что честным людям везёт, и вот результат. Я люблю этот мир, самый лучший из всех миров!

И где-то здесь начинается раааааааай...

Джордж и Анна пошли к столику под аплодисменты.

Вопросы

1. Что случилось, когда Анна и Джордж пришли в ресторан?

___

___

___

___

2. Кто пел в тот вечер в ресторане?

_____

_____

3. Как жизнь доказала Анне и Джорджу, что хорошим людям везёт?

_____

Упражнение

А в ресторане, а в ресторане
А там гитары, а там цыгане,
И что душа захоч____ — выбирай,
И где-то здесь начина____ся рай...

— Может быть, мне надо использова____ административный ресурс, как ты дума____, дорогая?

— Нет, не надо, это некрасиво. Так дела____ только неразвитые люди в неразвитых обществах.

— Да, конечно, ты права, как всегда, — улыбнулся Джордж. — Ты мудрая женщина, Анна.

— Спасибо за комплимент, милый Джордж. Мне приятно, что ты так дума____ и честно призна____ это. О чём ещё мож____ мечта____ женщина?!

— О том, чтобы её честный мужчина заказал столик в ресторане заранее, я дума____...

— Это правда. Но что мы буд____ дела____ сейчас?

— Мы мож____ наде____ся на то, что нам повез____. Честным людям часто вез____. Это закон, — сказал Джордж.

— Господин Ажжан, извините, — подошёл к ним метрдотель. — Одна пара сейчас уход____, у нас буд____ свободный столик.

Рассказ-провокация

Апельсиновый ....
Блин ....
Взгляд ....
Включать (включаю, включаешь... включают) *(impf)* ....
Глаз (Pl — глаза) ....
Домашний ....
Заказ ....
Зря ....
Капуста ....
Кухня ....
Лицо ....
Макароны ....
Например ....
Оливье ....
Остров ....

Официант ....
Повар ....
Подходить (подхожу, подходишь... подходят) *(impf)* ....
Пол ....
Помидор ....
Потолок ....
Продолжать (продолжаю, продолжаешь... продолжают) *(impf)* .....
Сок ....
Фон ....
Шеф-повар ....
Экватор ....
Яблочный ....
Яркий (ярко) ....

Глава 12
А В РЕСТОРАНЕ,
А В РЕСТОРАНЕ...

Столик был у окна, окно от потолка до пола. И из окна открывался сказочный вид на город. Не зря это был их самый любимый ресторан на острове. Он находился на двадцать втором этаже. Может быть, не самый высокий ресторан в мире, но зато можно видеть весь город и море. И сейчас вечером, когда то здесь, то там люди включали свет, а солнце садилось в море на экваторе, было так красиво.

Ресторан был небольшим: зал метров пятьдесят (десять-двенадцать столиков) и кухня. Из зала можно было видеть, как повара готовят в кухне, домашняя атмосфера.

В ресторане свет был неярким, поэтому атмосфера была романтической.

Официант подал меню: сначала Анне, потом Джорджу. Джордж взял меню, но продолжал смотреть в окно. В окне на фоне вечернего города он видел отражение Анны, её лица. Он видел, что она тоже смотрела в окно, но там, в окне, их взгляды встретились. Он улыбнулся, она ответила улыбкой.

Рассказ-провокация

Глава 12

— Что ты будешь сегодня?
— Сегодня я хочу что-нибудь русское. Наверное, сначала салат оливье, потом щи и блины с капустой. А ты, Анна?
— Нет, не хочу русского сегодня. Буду что-нибудь лёгкое.
— Например?
— М-м, например, греческий салат с сыром-фета и помидорами, а потом макароны с томатным соусом и базиликом.
— Звучит аппетитно, — Джордж посмотрел Анне в глаза и улыбнулся. — Будешь вино?
— Почему бы и нет? Красное подходит к блинам и салату оливье?
— Конечно, подходит, но я не буду вино, хочу апельсиновый сок. Нет, лучше яблочный — это в русском стиле.

Они позвали официанта и сделали заказ: два салата, щи, блины с капустой и макароны, а также яблочный сок и красное вино. Официант удивился, но ничего не сказал и ушёл.

Вопросы

1. Что могли видеть Анна и Джордж из окна ресторана?
_____
_____
_____

2. Что заказали на ужин Анна и Джордж?
_____
_____

3. Какой вопрос забыл задать гостям официант?
_____
_____
_____

Упражнение

Столик был у окн____, окно от потолк____ до пол____. И из окн____ открывался сказочный вид____ на город____. Не зря это был их самый любимый ресторан____ на остров____. Он находился на двадцать втором этаж____. Может быть, не самый высокий ресторан в мир____, но зато можно видеть весь город____ и мор____. И сейчас вечер____, когда то здесь, то там люди включали свет____, а солнце садилось в мор____ на экватор____, было так красиво.

Ресторан был небольшим: зал метр____ пятьдесят (десять-двенадцать столик__) и кухня. Из зал____ можно было видеть, как повар____ готовят в кухн____, домашняя атмосфера.

В ресторан____ свет был неярким, поэтому атмосфер____ была романтической.

Официант подал меню: сначала Анн____, потом Джордж____. Джордж взял меню, но продолжал смотреть в окн____. В окн____ на фон____ вечернего город____ он видел отражени____ Анн____, её лиц____. Он видел, что она тоже смотрела в окн____, но там, в окн____, их взгляды встретились. Он улыбнулся, она ответила улыбк____.

Рассказ-провокация 65

Блюдо . . . .
Бокал . . . .
Бухгалтер. . . . .
Взгляд. . . . .
Вилка . . . .
Вкусный (вкусно). . . . .
Гулять (гуляю, гуляешь...
    гуляют) *(impf)* . . . .
Ладно . . . .
Ложка . . . .
Масштаб . . . .
Медленный
    (медленно). . . . .
Молча . . . .
Мясо. . . . .
Нежный (нежно) . . . .
Ничего себе . . . .
Нож . . . .
Овощ . . . .
Огурец . . . .
Пирог . . . .

Получатель (m) . . . .
Порция . . . .
Последний . . . .
Пробовать
    (пробую, пробуешь...
    пробуют)
    (impf) . . . .
Продолжение . . . .
Просить. . . . .
Сводить с ума (свожу,
    сводишь... сводят)
    (impf) . . . .
Сметана. . . . .
Снимать (снимаю,
    снимаешь... снимают)
    (impf) . . . .
Солёный . . . .
Соя. . . . .
Стакан . . . .
Столица. . . . .
Сыр . . . .
Шарлотка. . . . .

Глава 13
ПРОДОЛЖЕНИЕ УЖИНА
ИЛИ
УЖИН С ПРОДОЛЖЕНИЕМ

— Как прошёл твой день? Много работы? У тебя усталое лицо.

— Да, вчера получил неприятные новости. Кто-то снимает деньги со счетов наших иностранных клиентов.

— Как так?

— Ну не снимает, но когда мы переводим их деньги куда-нибудь, они не доходят до получателя. И это не один и не два раза, это происходит систематически: клиент просит перевести деньги, мы начинаем процесс, говорим с получателем, переводим и... они исчезают. Мы не знали об этом, но это происходило две или три недели. Мы ещё не поняли весь масштаб.

— Ничего себе! Поэтому ты не хотел встречаться вчера, сейчас я поняла... Что вы планируете делать? Что ты планируешь делать?

— Я ночью гулял в парке, думал, что делать. Потом я сидел на скамейке, а на другой скамейке компания молодых людей слушала музыку. Одна из песен была «Я уеду жить в Лондон» русского певца Лепса.

— Поэтому ты сегодня хочешь ужинать в русском стиле?

— Очень может быть. Я даже не думал об этом... Так вот, в песне Лепс поёт, что хочет уехать в Лондон. А Лондон — это финансовая столица мира. Там банки, консалтинговые фирмы, аудиторы, бухгалтеры...

В этот момент официант принёс их заказ, поставил на стол тарелки с салатами, супом и главными блюдами, открыл вино и налил в бокал. Потом ушёл и вернулся со стаканом сока для Джорджа. Тихо поставил его и исчез.

— Ты думаешь, что деньги твоих клиентов исчезают в Лондоне? — у Анны было серьёзное лицо.

— Нет, я думал не об этом, а о том, что в Лондоне можно найти консультанта, чтобы понять, как и куда исчезают деньги, которые мы переводим. Но проблема в том, что в последние годы репутация Лондона стала не очень. Я подумал ещё и решил, что Швейцария — это оптимальный вариант. Там есть финансовые и консалтинговые традиции, качество их консультантов и банкиров — лучшее в мире! Я буду искать консультанта для нашего банка там, только там. И эту идею дал мне русский певец Лепс, удивительно, правда?

— Правда, удивительно. Ты такой умный, Джордж! Одна песня, которую ты услышал в парке, дала тебе такую замечательную идею. Я в шоке!

— Спасибо, Аннушка, мне приятно слышать. Я очень рад, что эта идея пришла мне в голову. А ещё мой самый первый клиент, итальянский парикмахер, порекомендовал мне одного консультанта в России. Думаю, что я поговорю сначала с ним, а потом поеду в Швейцарию, если он не сможет помочь нам. Уверен, что так или иначе мы решим проблему, клиенты ничего не узнают, и репутация банка... Ладно, хватит о работе. Как твой салат?

— Вкусно, очень вкусно. Всё как я люблю — несолёный, много овощей и много сыра. Как твой оливье?

— Интересный вкус, необычный. Я никогда не ел вегетарианский оливье. Обычно в этом салате есть мясо, а здесь — соя. И соус очень лёгкий, нежный — немного майонеза и сметана, а также вкус маринада от солёных огурцов. Мне нравится.

Какое-то время они сидели и ели молча. Когда они съели салаты, официант унёс тарелки. Анна начала есть макароны, а Джордж — щи.

— Неплохо, — сказал Джордж. — Очень неплохо. Как твои макароны?

— Ничего. У них хороший шеф-повар, мне нравится, как он готовит. А твой суп?

— Отлично, просто отлично! — и Джордж съел последнюю ложку. Подал тарелку официанту, взял вилку и нож и начал есть блины. Он ел быстро, а Анна медленно. Он съел щи и почти все блины с капустой, а она только половину макарон. Анна положила вилку на тарелку:

— Больше не хочу.

— Невкусно?

Глава 13

— Нет, вкусно, но больше не хочу. Очень много. У меня была большая порция салата, сейчас макароны... — Анна замолчала, а потом вдруг сказала:

— Может быть, сегодня десерт и чай будут у меня? Чёрный чай с бергамотом и шарлотка. Ты ведь сегодня фанат русской кухни? Я вчера нашла в Интернете старый русский рецепт шарлотки, яблочного пирога. Можно попробовать, что получилось, — предложила Анна. Её серьёзный взгляд сводил Джорджа с ума. Как она может так смотреть?!

— Да, конечно, это отличная идея, — сказал он с энтузиазмом. — Моя бабушка рассказывала мне про шарлотку, но я никогда не пробовал её.

Вопросы

1. Какую ошибку сделал официант, когда принёс заказ?

2. Почему Джордж решил искать консультанта не в Лондоне, а в Швейцарии?

3. Что предложила Анна в конце ужина?

Упражнение

В этот момент____ официант принёс их заказ____, поставил на стол____ тарелк____ с салат____, суп____ и главными блюд____, открыл вин____ и налил в бокал____. Потом ушёл и вернулся со стакан____ сок____ для Джордж____. Тихо поставил его и исчез.

— Ты думаешь, что деньги твоих клиент____ исчезают в Лондон____? — у Анн____ было серьёзное лиц____.

— Нет, я думал не об этом, а о том, что в Лондон____ можно найти консультант____, чтобы понять, как и куда исчезают деньг____, которые мы переводим. Но проблема в том, что в последние год____ репутация Лондон____ стала не очень. Я подумал ещё и решил, что Швейцария — это оптимальный вариант____. Там есть финансовые и консалтинговые традиц____, качество их консультант____ и банкир____ — лучшее в мир____! Я буду искать консультант____ для нашего банк____ там, только там. И эту иде____ дал мне русский певец Лепс, удивительно, правда?

— Правда, удивительно. Ты такой умный, Джордж! Одна песн____, которую ты услышал в парк____, дала тебе такую замечательную иде____. Я в шок____!

— Спасибо, Аннушка, мне приятно слышать. Я очень рад, что эта иде____ пришла мне в голов____. Уверен, что мы решим проблем____, клиент____ ничего не узнают, и репутация банк____... Ладно, хватит о работ____.

Близкий (близко)..........
Вздрогнуть *(perf)*..........
Внимательный (внимательно)..........
Волосы..............
Гладить (глажу, гладишь... гладят) *(impf)*..........
Грудь (f)..............
Губа................
Двигаться (двигаюсь, двигаешься... двигаются) *(impf)*..............
Женщина..............
Заставлять (заставляю, заставляешь... заставляют) *(impf)*..............
Кожа................
Космический............
Космос................
Коснуться *(perf)*..........
Молчать (молчу, молчишь... молчат) *(impf)*..........
Нагнуться *(perf)*..........
Настоящий..............

Ниже................
Ожидание..............
Палец................
По-прежнему............
Подниматься (поднимаюсь, поднимаешься... поднимаются) *(impf)*..............
Положить *(perf)*..........
Поцелуй................
Провести *(perf)*..........
Сладкий (сладко)..........
Спальня................
Спина................
Ставить (ставлю, ставишь... ставят) *(impf)*..........
Тело................
Трогать (трогаю, трогаешь... трогают) *(impf)*..........
Чувствовать (чувствую, чувствуешь... чувствуют) *(impf)*..............
Широкий (широко)........
Щека................

Глава 14
КОСМИЧЕСКИЙ ПОЦЕЛУЙ У АННЫ ДОМА

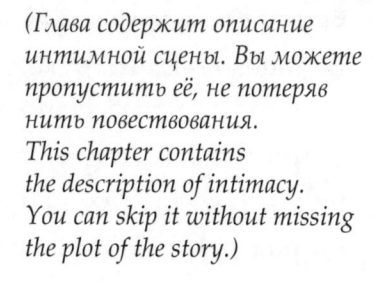

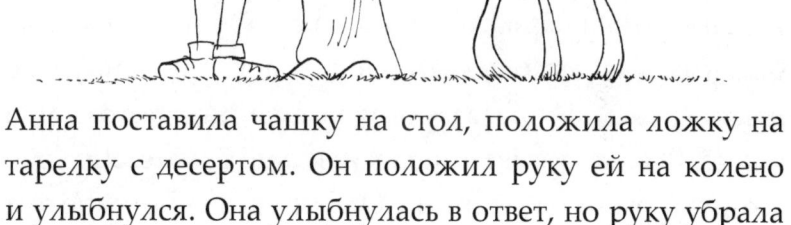

*(Глава содержит описание интимной сцены. Вы можете пропустить её, не потеряв нить повествования.
This chapter contains the description of intimacy. You can skip it without missing the plot of the story.)*

Анна поставила чашку на стол, положила ложку на тарелку с десертом. Он положил руку ей на колено и улыбнулся. Она улыбнулась в ответ, но руку убрала и положила ногу на ногу.

— Не надо, Джордж, — улыбка ещё была на её лице.

Он снова положил руку ей на ногу, уже немного выше. Она посмотрела на него внимательно, но руку больше не трогала. Он молчал и смотрел на неё, ждал её реакции. Ничего. Тогда он нагнулся к ней и положил свою руку на её, провёл сверху вниз. Его вторая рука по-прежнему лежала на её ноге. Джордж провёл по её руке ещё раз. Она вздрогнула, но ничего не сказала. Его рука двинулась вниз по её ноге. Анна вздохнула, улыбка исчезла с её лица.

Рассказ-провокация

Глава 14

Он посмотрел на её грудь. Она поднималась всё чаще. Он коснулся её пальцев, медленно провёл от пальцев вверх по руке, к её шее. Он остановился, а потом его пальцы коснулись тёплой кожи. Она ещё раз вздрогнула и закрыла глаза. Его пальцы гладили её нежную кожу, такую приятную и тёплую. В это время вторая рука гладила её ногу. Лёгкий массаж, но даже через джинсы он чувствовал, каким жарким было её тело.

— Может быть, не надо, Джордж... — повторила она, но глаза не открыла. Он посмотрел на её лицо, на закрытые глаза, полуоткрытый рот и улыбнулся.

Его рука продолжила гладить её шею, потом двинулась ниже — на спину. Под её волосами было жарко. Приятно чувствовать такой жар. Он не хотел, чтобы его рука выходила из-под волос, но двинул её дальше, вниз. Анна вздрогнула ещё раз, потом ещё и ещё. Он встал и подошёл к ней ещё ближе. Уже обе его руки были на её спине. Она опустила ногу, потом встала.

Их губы коснулись — поцелуй. Жаркий и долгий поцелуй. Он закрыл глаза и забыл обо всём. Только он, она, их поцелуй... Не было города вокруг, не было комнаты, не было даже их тел. Они были в космосе. И в космосе были только они и их поцелуй. Космос был поцелуем, жарким и сладким.

Вдруг её рука на его щеке, палец между их губ. Он открыл глаза и увидел, что её уже широко открыты; она смотрела на него серьёзно, как в ту встречу в её кабинете год назад, когда она попросила его начать учить английский язык.

— Пойдём в спальню, Джордж... — выдохнула она.

В голосе Анны Джордж услышал ожидание. А настоящий гваделупец никогда не заставляет женщину ждать. (Джордж отлично помнил урок, который когда-то давно дала ему настоящая женщина по имени Тэсс.)

Вопрос

Расскажите, что делали Анна и Джордж дома у Анны.

Упражнение

Он снова положил рук____ ей на ног____, уже немного выше. Она посмотрела на него внимательно, но рук____ больше не трогала. Он молчал и смотрел на неё, ждал её реакци____. Ничего. Тогда он нагнулся к ней и положил свою рук____ на её, провёл сверху вниз. Его вторая рук____ по-прежнему лежала на её ноге. Джордж провёл по её рук____ ещё раз. Она вздрогнула, но ничего не сказала. Его рука двинулась вниз по её ног____. Анна вздохнула, улыбка исчезла с её лиц____.

Он посмотрел на её груд____. Она поднималась всё чаще. Он коснулся её пальц____, медленно провёл от пальц____ вверх по рук____, к её ше____. Он остановился, а потом его пальц____ коснулись тёплой кож____. Она ещё раз вздрогнула и закрыла глаз____. Его пальц____ гладили её нежную кож____, такую приятную и тёплую. В это время вторая рука гладила её ног____. Лёгкий массаж, но даже через джинс____ он чувствовал, каким жарким было её тел____.

— Может быть, не надо, Джордж... — повторила она, но глаз____ не открыла. Он посмотрел на её лиц____, на закрытые глаз____, полуоткрытый рот____ и улыбнулся.

Рассказ-провокация

Бал	Подмосковный ....
Вдвоём	Снобизм ....
Глубокоуважаемый	Тем не менее ....
Здание................	Только что ....
Иметь в виду (имею, имеешь... имеют) *(impf)*.........	Фамилия ....
Корабль (m)	Цена.................
Манера	Шёпот................

Глава 15
С БАЛА НА КОРАБЛЬ

Утром Джордж и Анна ехали на работу вместе. Заказали такси, что, конечно, необычно на Гваделупе, но они хотели побыть вдвоём дольше. Побыть вместе и помолчать. Всю дорогу они держались за руки.

Такси подъехало к зданию банка. Джордж вышел из машины первым, обошёл её и подошёл к другой двери.

— Хорошего тебе дня, Анна! — сказал Джордж, когда открыл дверь машины и подал Анне руку.

— Спасибо, милый Джордж, и тебе! — ответила Анна, вышла из такси и убежала в банк, пока Джордж платил таксисту.

Первым делом Джордж позвонил русскому консультанту, которого рекомендовал Фернандо. Консультанта звали господин Царёв, и его манера говорить очень подходила к его фамилии. Он был отличным специалистом и, конечно, знал себе цену: говорить с ним было очень неприятно. «Какой снобизм! Как это не похоже на тех русских, которых я встречал раньше», —

Глава 15

подумал Джордж. Тем не менее дело есть дело, и они договорились о встрече в подмосковном офисе Царёва.

— Мой личный помощник, мой персональный ассистент пришлёт Вам мой адрес. До скорой встречи, господин Ажжан! — закончил разговор Царёв и даже не подождал, пока Джордж попрощается.

Джордж положил трубку. Не прошло и минуты, как электронная почта дала сигнал: «У Вас... одно новое сообщение». «Быстро они», — подумал Джордж и кликнул «Открыть».

«Глубокоуважаемый господин Ажжан!

Меня зовут Ольга. Я личный помощник господина Царёва, с которым Вы только что разговаривали по телефону. Он попросил меня прислать Вам его адрес и инструкции, как доехать до него. Господин Царёв работает из дома, поэтому Вам нужно будет ехать на Рублёвку, в Подмосковье. Это недалеко от московского аэропорта Шереметьево — максимум полчаса на машине.

В аэропорту Вам нужно будет заказать такси. Это несложно, просто подойдите к стойке информации и скажите по-русски: "Мне нужно такси, пожалуйста. Меня ждёт Царёв". Они всё организуют для Вас. Таксисту скажите, что Вам нужно в ООО "Царёв Консалтанси Групп" и ещё шёпотом: "К самому...". Они часто ездят к нам, поэтому будут знать, что Вы имеете в виду.

До скорой встречи!

С уважением,

Ольга Мирная

личный помощник директора

ООО "Царёв Консалтанси Групп"»

Вопросы

1. Что сделал Джордж первым делом, когда приехал в банк?
2. Какие инструкции дала персональный ассистент господина Царёва?
3. Что Вы думаете о господине Царёве? Вы бы поехали к нему?

Упражнение

Такси подъехало к здани____ банк____. Джордж вышел из машин____ первым, обошёл её и подошёл к другой двер____.

— Хорошего тебе дн____, Анна! — сказал Джордж, когда открыл двер____ машин____ и подал Анн____ рук____.

— Спасибо, милый Джордж, и тебе! — ответила Анна, вышла из такс____ и убежала в банк____, пока Джордж расплачивался с таксист____.

Первым дел____ Джордж позвонил русскому консультант____, которого рекомендовал Фернандо. Консультант____ звали господин Царёв, и его манер____ говорить очень подходила к его фамили____. Он был отличным специалист____ и, конечно, знал себе цен____: говорить с ним было очень неприятно. «Какой снобизм! Как это не похоже на тех русск____, которых я встречал раньше», — подумал Джордж. Тем не менее дело есть дело, и они договорились о встреч____ в подмосковном офис____ Царёв____.

— Мой личный помощник, мой персональный ассистент пришлёт Вам мой адрес____. До скорой встреч____, господин Ажжан! — закончил разговор____ Царёв____ и даже не подождал, пока Джордж попрощается.

Джордж положил трубк____. Не прошло и минут____, как электронная почта дала сигнал____: «У Вас... одно новое сообщени____».

Рассказ-провокация

Алмаз	Население . . . .
Безвизовый	Общий . . . .
Добыча	Подготовка. . . . .
Занимать (занимаю, занимаешь... занимают) *(impf)*	Поездка. . . . .
	Полезный (полезно) . . . .
Запасы	Полёт . . . .
Запуск.	Приёмная. . . . .
Знание	Серебро. . . . .
Золото.	Следующий . . . .
Книжный.	Соглашение . . . .
Место	Справка. . . . .

Глава 16
ПОДГОТОВКА К ПОЕЗДКЕ В РОССИЮ

— Любовь, подойди, пожалуйста. Мне нужен твой совет.

Джордж положил трубку и ещё раз посмотрел на экран компьютера. На экране была открыта статья о России из Википедии: география, население, история, политическая организация, интересные факты. Ничего нового, всё это он знал со школы:

Россия — самая большая страна в мире, почти как Канада и США вместе, но живут там только 140 миллионов человек. В России 9 часовых зон. Полёт из Москвы до Владивостока занимает 10 часов. Россия занимает первое место в мире по добыче газа. Россия занимает второе место в мире по экспорту нефти и первое по импорту китайских машин. Россия занимает первое место по запасам серебра и алмазов и второе — по запасам золота. И, конечно, Россия занимает первое место в мире по запуску космических кораблей.

Рассказ-провокация

Интересно, но не очень полезно.

На острове много русских туристов и бизнесменов (спасибо соглашению о безвизовом режиме между Россией и Гваделупой — о нём в следующей главе). Многие гваделупцы делают бизнес и отдыхают в России, но Джордж ещё не был там. Все его знания — только со школы. А ему нужна была более актуальная информация, информация, которой владеют или учёные, или русские. Любовь — русская, значит, она знает и может рассказать много полезного. А учёные? Потом в книжном магазине он купит книгу о России.

— Можно? — Любовь постучала в дверь кабинета.

— Да-да, конечно, входи.

Любовь вошла, села за стол и положила на него айпэд. Включила, открыла программу «блокнот» и посмотрела на Джорджа.

— Любовь, мне нужна твоя помощь. Мне нужно срочно узнать про Россию, но не общие факты, а конкретику. Всё, что я знаю сейчас, — это набор интересных фактов, не более. Например, что известный аромат «Chanel № 5» придумала не Коко Шанель, а русский парфюмер-эмигрант Веригин, который работал в парфюмерном отделе «Шанель» вместе с москвичом Эрнестом Бо. Но это не очень поможет мне в поездке в Россию, не так ли?

— Не очень, — улыбнулась Любовь. — Если только ты хочешь флиртовать с русскими девушками и показать им, как много ты знаешь. Но я не думаю, что Анне это понравится, не так ли?

— Ага, я флиртую только с Анной и тобой, — ответил Джордж.

— И правильно, Джордж, и правильно. Ты хочешь, чтобы я рассказала тебе про Россию сейчас или написала краткую справку?

— Хм, мне нравится твоя идея про справку. Напиши, пожалуйста, и пришли мне по электронной почте как можно скорее.

— Конечно. У меня сейчас есть свободный час, напишу и пришлю, — Любовь встала со стула, выключила айпэд и вышла из кабинета в приёмную.

Вопросы

1. Какие факты о России есть в Википедии?

_____
_____
_____
_____
_____
_____
_____
_____

2. Почему Джордж пригласил Любовь в свой кабинет? Что он попросил её сделать?

_____
_____
_____
_____
_____

3. Что предложила Любовь?

_____
_____
_____
_____
_____

Упражнение

На острове много русск____ туристов и бизнесменов (спасибо соглашению о безвизов____ режиме между Россией и Гваделупой — о нём в следующ____ главе). Мног____ гваделупцы делают бизнес и отдыхают в России, но Джордж ещё не был там. Все его знания — только со школы. А ему нужна была более актуальн____ информация, информация, которой владеют или учёные, или русск____. Любовь — русск____, значит, она знает и может рассказать много полезн____. А учёные? Потом в книжн____ магазине он купит книгу о России.

…

— Любовь, мне нужна твоя помощь. Мне нужно срочно узнать про Россию, но не общ____ факты, а конкретику. Всё, что я знаю сейчас, — это набор интересн____ фактов, не более. Например, что известн____ аромат «Chanel № 5» придумала не Коко Шанель, а русск____ парфюмер-эмигрант Веригин, который работал в парфюмерн____ отделе «Шанель» вместе с москвичом Эрнестом Бо. Но это не сильно поможет мне в поездке в Россию, не так ли?

— Не очень, — улыбнулась Любовь. — Если только ты хочешь флиртовать с русск____ девушками и показать им, как много ты знаешь. Но я не думаю, что Анне это понравится, не так ли?

— Ага, я флиртую только с Анной и тобой, — ответил Джордж.

— И правильно, Джордж, и правильно. Ты хочешь, чтобы я рассказала тебе про Россию сейчас или написала кратк____ справку?

— Хм, мне нравится твоя идея про справку. Напиши, пожалуйста, и пришли мне по электронн____ почте как можно скорее.

Бюрократия . . . .
Гордый (гордо) . . . .
Добро пожаловать . . . .
Довести (до добра не доведёт) *(perf)* . . . .
Жаркий (жарко) . . . .
Качество . . . .
Конечно. . . . .
Конкурент (f — конкурентка) . . . . . .
Местный . . . .
Нефть (f) . . . .
Одинаковый (одинаково) . . . .

Погода. . . . .
Предпочитать (предпочитаю, предпочитаешь... предпочитают) *(impf)* . . . .
Причина . . . .
Разрешение . . . .
Снег . . . .
Товар . . . .
Тренажёр . . . .
Услуга . . . .
Успешный (успешно) . . . .
Формальность (f). . . . .
Эскимос. . . . .

Глава 17
СОГЛАШЕНИЕ О БЕЗВИЗОВОМ РЕЖИМЕ МЕЖДУ РОССИЕЙ И ГВАДЕЛУПОЙ

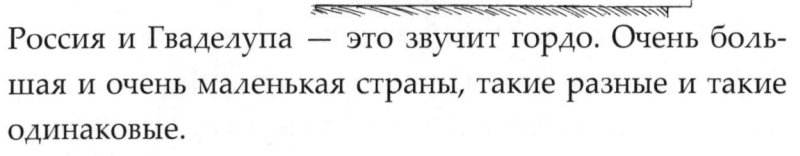

Россия и Гваделупа — это звучит гордо. Очень большая и очень маленькая страны, такие разные и такие одинаковые.

Неудивительно, что они быстро договорились и подписали соглашение о безвизовом режиме. Уже несколько лет жители Гваделупы и России регулярно ездят в гости друг к другу. Большая часть туристов на острове — русские. Все любят русских туристов на Гваделупе. Говорят, они открытые и честные люди. Конечно, важно, что все они богатые (вы помните, что они продают нефть и газ, не так ли?). Другая категория русских на острове — бизнесмены. Они приезжают ненадолго: ходят на встречи, участвуют в конференциях и выставках, подписывают соглашения и контракты. В общем, делают бизнес, а потом уезжают в Россию.

Немало гваделупцев ездят и в Россию. В этой стране богатая культура и удивительная погода. Гваделупцы всегда живут в жарком климате, поэтому в отпуск многие предпочитают ездить в холодные страны. У России здесь нет конкурентов. И, конечно, немало гваделупцев делают бизнес в России. Например, гваделупцы — хорошие спортивные инструкторы. Вы помните, как популярен спорт на острове? Спортзалы, тренажёры, групповые занятия: экспорт спорта на Гваделупе — самого высокого качества. Но они экспортируют и другие товары и услуги. Вообще, гваделупцы — продавцы от Бога. Говорят, они могут продать даже снег эскимосам. Поэтому часто гваделупские консультанты и тренеры по продажам ездят в Россию, чтобы помогать местным бизнесменам. Это одна из причин, почему российские компании так успешны в последние годы.

По соглашению о безвизовом режиме русские и гваделупцы могут ездить друг к другу без виз и других формальностей и находиться в стране до 30 дней. Конечно, они не могут работать без специального разрешения, но кто хочет работать, когда можно делать бизнес и отдыхать?

Так они и говорят на паспортном контроле в аэропорту: «Мы едем по бизнесу» или «Мы едем отдыхать», показывают свои паспорта и улыбаются. Им улыбаются в ответ, отдают их паспорта и говорят: «Добро пожаловать!» Всё, никаких формальностей, никаких проблем. А зачем формальности и проблемы, зачем ненужная бюрократия? И русские, и гваделупцы знают очень хорошо, что бюрократия до добра не доведёт.

Вопросы

1. Что обычно делают русские на Гваделупе?
2. Что обычно делают гваделупцы в России?
3. Сколько дней могут находиться русские на Гваделупе без визы?

Упражнение

Немало гваделупц____ ездят и в Росси____. В этой стран____ богатая культура и удивительная погода. Гваделупцы всегда живут в жарком климат____, поэтому в отпуск____ многие предпочитают ездить в холодные стран____. У Росси____ здесь нет конкурент____. И, конечно, немало гваделупц____ делают бизнес____ в Росси____. Например, гваделупцы — хорошие спортивные инструктор____. Вы помните, как популярен спорт____ на остров____? Спортзалы, тренажёры, групповые занятия: экспорт спорт____ на Гваделуп____ — самого высокого качеств____. Но они экспортируют и другие товар____ и услуг____. Вообще, гваделупцы — продавцы от Бог____. Говорят, они могут продать даже снег____ эскимос____. Поэтому часто гваделупские консультанты и тренеры по продаж____ ездят в Росси____, чтобы помогать местным бизнесмен____. Это одна из причин____, почему российские компани____ так успешны в последние год____.

По соглашени____ о безвизовом режим____ русские и гваделупцы могут ездить друг____ к друг____ без виз____ и других формальност____ и находиться в стран____ до 30 дн____. Конечно, они не могут работать без специального разрешени____, но кто хочет работать, когда можно делать бизнес____ и отдыхать?

Так они и говорят на паспортном контрол____ в аэропорт____: «Мы едем по бизнес____» или «Мы едем отдыхать», показывают свои паспорт____ и улыбаются. Им улыбаются в ответ____, отдают их паспорт____ и говорят: «Добро пожаловать!»»

Рассказ-провокация

Богатый (богато) . . . .
Быстрый (быстро) . . . .
В том числе. . . . .
Важный (важно) . . . .
Вечеринка . . . .
Возможность (f) . . . .
Впечатление . . . .
Выиграть *(perf)* . . . .
Выше . . . .
Гордиться (горжусь,
    гордишься... гордятся)
    (impf) . . . .
Детство . . . .
Дружеский . . . .
Закон . . . .
Значит. . . . .
Игра . . . .
Известный (известно). . . . . .
Искать (ищу, ищешь... ищут)
    (impf) . . . .
Качественный
    (качественно). . . . .
Качество . . . .
Краткий (кратко) . . . .
Надёжный (надёжно) . . . . .
Народ . . . .
Одеваться (одеваюсь,
    одеваешься... одеваются)
    (impf) . . . .
Описать *(perf)* . . . .
Основной. . . . .
Отношение. . . . .

Половина (пол-). . . . .
Портфель (m) . . . .
Правило . . . .
Правильный
    (правильно). . . . .
Пригласить *(perf)*. . . . .
Провожать (провожаю,
    провожаешь... провожают)
    (impf) . . . .
Пункт . . . .
Путь (m) . . . .
Соблюдать (соблюдаю,
    соблюдаешь... соблюдают)
    (impf) . . . .
Справка. . . . .
Стараться (стараюсь,
    стараешься... стараются)
    (impf) . . . .
Строить (строю, строишь...
    строят) *(impf)* . . . .
Тратить (трачу, тратишь...
    тратят) *(impf)* . . . .
Уважать (уважаю, уважаешь...
    уважают) *(impf)* . . . .
Ум . . . .
Успевать (успеваю,
    успеваешь... успевают)
    (impf) . . . .
Успех. . . . .
Хвалить (хвалю, хвалишь...
    хвалят) *(impf)* . . . .
Ценить (ценю, ценишь... ценят)
    (impf) . . . .

Глава 18
КРАТКАЯ СПРАВКА О РОССИИ

Утро пролетело очень быстро. Когда Любовь вышла из кабинета, Джордж закрыл Википедию и сконцентрировался на электронной почте. Каждые 10 минут ему приходило новое письмо, он только и успевал отвечать. Часа через три Джордж открыл свой портфель и взял оттуда бутерброд: сегодня он точно не успевал обедать в кафе, а значит, нужно хотя бы отвлечься от интенсивной работы и поесть спокойно. И тут пришло письмо от Любови. «Вовремя», — подумал Джордж, взял в руку бутерброд, а другой рукой кликнул на значок «Открыть письмо».

Рассказ-провокация 91

«Джордж, как ты просил, вот справка о России:

1. Отношения важны. Если русский пригласил тебя в свой дом, значит, ты на правильном пути, значит, тебя ценят и уважают. Но чтобы тебя пригласили в дом, нужно очень стараться. Потрать время, чтобы построить дружеские отношения. Не начинай с бизнеса. Узнай русского лучше и расскажи о себе. Покажи, что ты за человек, что с тобой можно иметь дело. Если ты инвестируешь время в отношения, ты выиграешь.

2. Русские "встречают по одёжке, провожают по уму", поэтому так важно одеваться хорошо и стильно. Важно ездить на большой и дорогой машине, важно обедать в престижных ресторанах и ходить на популярные вечеринки. У бизнесмена должен быть офис, в нём большой кабинет и элегантный секретарь. Антураж важен, потому что первое впечатление — это половина успеха, все русские понимают это. Помни об этом!

3. Русские любят хорошо и стильно одеваться, уважают дорогие и известные бренды. Это знают все, но не все знают, почему русские так ценят стиль. Если ты не знаешь, смотри пункт два (см. п. 2) и одевайся стильно (хотя ты и сейчас одеваешься фантастически стильно!).

4. Русские гордятся своей страной, её культурой и историей. Они знают, что российские и советские наука и спорт — лучшие в мире. Эрмитаж и музей современного искусства Эрарта находятся в Санкт-Петербурге, но известны во всём мире. Почитай об этом в Википедии и запомни основные факты, это

очень поможет тебе в разговорах. А разговоры важны для отношений (см. п. 1).

5. Хвали русских, хвали их страну, хвали русский народ, хвали русскую продукцию и русскую культуру. Они удивительные: красивая страна, качественная продукция, богатая культура, добрые люди, надёжные партнёры и хорошие клиенты. Всегда ищи возможность похвалить — это несложно.

6. Соблюдай правила игры и законы, в том числе те, которые я описала выше. Помнишь, в детстве ты играл в игры? Другие дети диктовали свои правила, и, если ты хотел играть с ними, а не быть один, ты соблюдал их правила, даже если они не были логичными, не так ли?

Удачи!

Твоя Любовь.»

Вопросы

1. Какие советы дала Джорджу Любовь?

2. Как Вы думаете, что ещё должен знать Джордж о русских?

Упражнение

1. Отношения важны. Если русский пригласи____ тебя в свой дом, знач____, ты на правильном пути, знач____, тебя цен____ и уважа____. Но чтобы тебя пригласи____ в дом, нужно очень стара____ся. Потра____ время, чтобы построи____ дружеские отношения. Не начина____ с бизнеса. Узна____ русского лучше и расскаж____ о себе. Покаж____, что ты за человек, что с тобой можно име____ дело. Если ты инвестиру____ время в отношения, ты выигра____.

2. Русские «встреча____ по одёжке, провожа____ по уму», поэтому так важно одева____ся хорошо и стильно. Важно езди____ на большой и дорогой машине, важно обеда____ в престижных ресторанах и ходи____ на популярные вечеринки. У бизнесмена должен бы____ офис, в нём большой кабинет и элегантный секретарь. Антураж важен, потому что первое впечатление — это половина успеха, все русские понима____ это. Помн____ об этом!

3. Русские люб____ хорошо и стильно одева____ся, уважа____ дорогие и известные бренды. Это зна____ все, но не

все зна____, почему русские так цен____ стиль. Если ты не зна____, смотри пункт два (см. п. 2) и одева____ся стильно (хотя ты и сейчас одева____ся фантастически стильно!).

4. Русские горд____ся своей страной, её культурой и историей. Они зна____, что российские и советские наука и спорт — одни из лучших в мире. Почита____ об этом в Википедии и запомн____ основные факты, это очень помож____ тебе в разговорах. А разговоры важны для отношений (см. п .1).

Блокнот. . . . .
В первую очередь. . . . .
Вещь. . . . .
Взять себя в руки *(perf)*. . . . .
Внимательный
    (внимательно) . . . .
Водитель . . . .
Вперёд (впереди) . . . .
Готовить (готовлю, готовишь...
    готовят) *(impf)* . . . .
Дальний . . . .
Дворец . . . .
Достать *(perf)* . . . .
Душа. . . . .
Желать (желаю, желаешь...
    желают) *(impf)* . . . .
Забывать (забываю,
    забываешь... забывают)
    (impf). . . . .
Заметный (заметно) . . . .
Качнуть *(perf)* . . . .
Колбаса . . . .
Количество. . . . .
Костюм . . . .
Кресло. . . . .
Крыло. . . . .
Лёгкий (легко). . . . .
Лётчик . . . .
Международный . . . .
Милый (мило). . . . .
Настроение . . . .
Необходимый
    (необходимо) . . . .
Носки . . . .
Ноутбук. . . . .
Объявлять (объявляю,
    объявляешь... объявляют)
    (impf). . . . .

Одет . . . .
Пара . . . .
Пограничная служба . . . . . .
Пора! . . . .
Порог . . . .
Посадка. . . . .
Почему-то . . . .
Прекрасный (прекрасно). . . .
Привычный (привычно). . . .
Рано . . . .
Рейс . . . .
Родной . . . .
Рубашка . . . .
Свежий . . . .
Светить (свечу, светишь...
    светят) *(impf)*. . . . .
Сдавать (сдаю, сдаёшь... сдают)
    (impf). . . . .
Серебряный . . . .
Система одного окна. . . . . . .
Сказочный. . . . .
Сложный (сложно). . . . .
Соевый . . . .
Сразу . . . .
Стойка . . . .
Сумка . . . .
Существовать (существую,
    существуешь... существуют)
    (impf). . . . .
Счастливого пути. . . . .
Сыр . . . .
Такой . . . .
Тёмный (темно). . . . .
Удача . . . .
Удивительный (удивительно) .
Удобный (удобно) . . . .
Ужас . . . .
Футболка. . . . .

Глава 19
ВПЕРЁД!
НА МОСКВУ!

Рано утром следующего дня Джордж уже ехал на автобусе в Гваделупский международный аэропорт — Пуэнт-и-Питр. Он не стал брать с собой много вещей, только самое необходимое: блокнот, ноутбук, мобильник, одну свежую рубашку, две футболки, три пары носков и, конечно, серый костюм. Он был одет в синие брюки, футболку-поло и красный свитер. Завтракать рано утром он совсем не хотел, поэтому дома приготовил бутерброд с сыром и соевой колбасой и взял его с собой.

Когда автобус приехал в аэропорт, Джордж взял свою лёгкую сумку, сказал спасибо водителю и вышел на улицу. Было ещё темно, и аэропорт светился, как сказочный дворец.

В тёмную ночь, ты, любимая, знаю, не спишь...

И почему с утра у Джорджа было такое плохое настроение? Ведь всё должно было быть хорошо — он ехал в Россию говорить с консультантом, которого рекомендовал его клиент. Надо взять себя в руки! Впереди сложная процедура: сначала к стойке регистрации на рейс, потом сразу на паспортный контроль (багаж сдавать не надо, потому что его нет), а после этого в бизнес-зал — пить кофе, работать на ноутбуке и ждать самолёта. Непривычное для гваделупца количество бюрократических процедур — нужно говорить с тремя разными людьми, нет системы одного окна. Всё-таки авиация — это очень консервативный сектор, ничего не меняется, поэтому неудивительно, что такой анахронизм ещё существует в мире.

— Ужас! — сказал себе Джордж и вошёл в здание аэропорта. Приветливая девушка на стойке регистрации, куда он подошёл в первую очередь, улыбнулась ему, зарегистрировала на рейс и пожелала счастливого пути. На паспортном контроле молодой человек в форме офицера пограничной службы взял паспорт Джорджа, спросил, как у него дела, посмотрел Джорджу в лицо внимательно, потом посмотрел что-то в компьютере, вернул документ и тоже пожелал счастливого пути и ещё почему-то... удачи.

Джордж сказал спасибо и прошёл в бизнес-зал. Там сел в удобное кресло, заказал кофе с соевым молоком, достал свой бутерброд с сыром и соевой колбасой из портфеля и начал работать. Всё-таки работа — это прекрасно; когда работаешь, то можно не думать ни о чём, проблемы забываются, и так легко на душе. Время пролетело незаметно, и вот уже объявили посадку на рейс до Москвы.

> Пора в путь-дорогу,
> Дорогу дальнюю, дальнюю, дальнюю идём.
> Над милым порогом
> Качну серебряным тебе крылом!

— пропел Джордж песню легендарных советских лётчиков и пошёл на посадку.

Вопросы

1. Что взял с собой Джордж?
2. Расскажите, что нужно делать в аэропорту.
3. Что делал Джордж, пока ждал самолёт?

Упражнение

И почему с утр____ у Джордж____ было такое плохое настроени____? Ведь всё должно было быть хорошо — он ехал в Росси____ говорить с консультант____, которого рекомендовал его клиент. Надо взять себя в рук____! Впереди сложная процедура: сначала к стойк____ регистраци____ на рейс____, потом сразу на паспортный контрол____ (багаж____ сдавать не надо, потому что его нет), а после этого в бизнес-зал____ — пить коф____, работать на ноутбук____ и ждать самолёт____. Непривычное для гваделупц____ количество бюрократических процедур____ — нужно говорить с тремя разными люд____, нет систем____ одного окн____. Всё-таки авиация — это очень консервативный сектор, ничего не меняется, поэтому неудивительно, что такой анахронизм ещё существует в мир____.

— Ужас! — сказал себе Джордж и вошёл в здани____ аэропорт____. Приветливая девушка на стойк____ регистраци____, куда он подошёл в первую очередь, улыбнулась ему, зарегистрировала на рейс____ и пожелала счастливого пут____. На паспортном контрол____ молодой человек в форм____ офицер____ пограничной служб____ взял паспорт____ Джордж____, спросил, как у него дела, посмотрел Джордж____ в лиц____ внимательно, потом посмотрел что-то в компьютер____, вернул документ____ и тоже пожелал счастливого пут____ и ещё почему-то... удач____.

Аплодировать (аплодирую, аплодируешь... аплодируют) (*impf*) . . . .

Борт (на борту, за бортом) . . . .

Включать (включаю, включаешь... включают) (*impf*) . . . .

Галстук . . . .

Дорога . . . .

Жёлтый . . . .

Здание . . . .

Зелёный . . . .

Золотой . . . .

Зуб . . . .

Иллюминатор . . . .

Каждый . . . .

Картонный . . . .

Матушка . . . .

Направление . . . .

Особенный (особенно) . . . .

Остров . . . .

Парковка . . . .

Пересекать (пересекаю, пересекаешь... пересекают) (*impf*) . . . .

Пиджак . . . .

Побратим . . . .

Полёт . . . .

Полоса . . . .

Рекламный . . . .

Ровный . . . .

Рядом с . . . .

Сиденье . . . .

Сильный (сильно) . . . .

Синий . . . .

Солнечный (солнечно) . . . . .

Сотрудничество . . . .

Сочетание . . . .

Статья . . . .

Точка . . . .

Цвет . . . .

Церковь (f) . . . .

Чёрный . . . .

Чистить (чищу, чистишь... чистят) (*impf*) . . . .

Чистый (чисто) . . . .

Шоссе . . . .

Глава 20
ВОТ ОНА — РОССИЯ-МАТУШКА

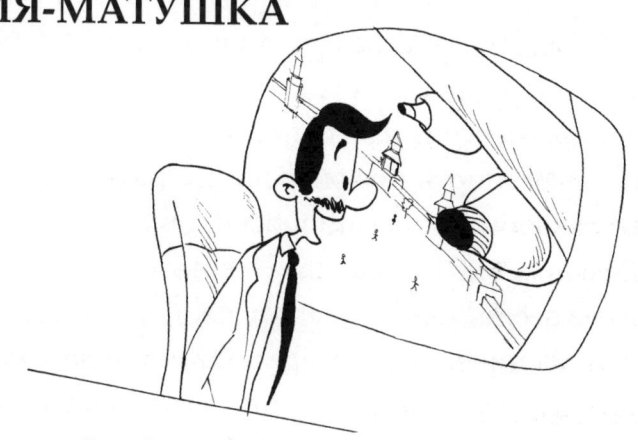

На борту самолёта Джордж не делал ничего особенного: почитал газеты и журнал «В полёте» (там была интересная статья о потенциальном сотрудничестве островов Гваделупа и Сахалин; политики даже говорили о том, чтобы объявить их островами-побратимами), пообедал, потом поспал и пропустил ужин, а утром почистил зубы и позавтракал. Пилот объявил, что до Москвы осталось сорок четыре минуты, температура воздуха за бортом четырнадцать градусов, солнечно, ветер несильный.

Джордж посмотрел в иллюминатор — какая она красивая, Россия-матушка! Поля, леса, много полей и много лесов, а между ними чёрные линии дорог и синие линии рек. Иногда чёрные и синие линии пересекались, а иногда шли параллельно друг другу. Леса были тёмно-зелёные, а поля светло-зелёные или жёлтые. И то тут, то там были серебряные точки домов и золотые точки церквей. Какие яркие цвета, и какие удивительные сочетания этих цветов.

Глава 20

Самолёт зашёл на посадку, сел аккуратно и подъехал к зданию международного аэропорта Шереметьево. Пассажиры поаплодировали пилотам; Джордж слышал, что русские всегда так делают.

В аэропорту Джордж сделал всё так, как рекомендовала персональный ассистент господина Царёва: после паспортного контроля он сразу подошёл к стойке информации и попросил такси до дома Царёва. Девушка выслушала его с серьёзным лицом, сказала только: «Да, конечно», и вот Джордж уже сидел в удобной машине, его портфель стоял рядом на сиденье, а водитель в пиджаке, чистой рубашке и галстуке включал радио. Какая эффективность!

Машина проехала по большой парковке и выехала на шоссе. Джордж ещё никогда не видел такой идеальной дороги: четыре полосы в каждом направлении, ровный чёрный асфальт, нет рекламных билбордов. И на фоне всего этого стояли картонные полицейские в форме *от Юдашкина*.

Вопросы

1. Что делал Джордж на борту самолёта?

_____

_____

_____

2. Что делал Джордж в аэропорту?

_____

_____

_____

3. Опишите шоссе в России: в рассказе и в реальности.

_____
_____
_____

Упражнение

В аэропорту Джордж сделал всё так, как рекомендовала персональн____ ассистент господина Царёва: после паспортн____ контроля он сразу подошёл к стойке информации и попросил такси до дома Царёва. Девушка выслушала его с серьёзн____ лицом, сказала только: «Да, конечно», и вот уже Джордж сидел в удобн____ машине, его портфель стоял рядом на сиденье, а водитель в пиджаке, чист____ рубашке и галстуке включал радио. Как____ эффективность!

Машина проехала по больш____ парковке и выехала на шоссе. Джордж ещё никогда не видел такой идеальн____ дороги: четыре полосы в кажд____ направлении, ровн____ чёрн____ асфальт, нет рекламн____ билбордов. И на фоне всего этого стояли картонн____ полицейские в форме *от Юдашкина*.

Банкомат . . . .
Беспрецедентный . . . .
Везде. . . . .
Взятка. . . . .
Вообще . . . .
Зря. . . . .
Избегать (избегаю, избегаешь...
  избегают) *(impf)* . . . .
Использовать (использую,
  используешь... используют)
  (impf) . . . .
Куст . . . .
Машинист . . . .
На самом деле . . . .
Нагрузка . . . .
Налог . . . .
Напоминать (напоминаю,
  напоминаешь...
  напоминают)
  (impf). . . . .
Низкий (низко) . . . .

Общественный . . . .
Поезд (Pl — поезда) . . . .
Популярность (f) . . . .
Правительство . . . .
Расти (расту, растёшь... растут)
  (impf) . . . .
Совсем . . . .
Способ . . . .
Судебный. . . . .
Судья . . . .
То есть. . . . .
Умный (умно) . . . .
Чиновник . . . .
Шутить (шучу, шутишь...
  шутят) *(impf)* . . . .
Шутка. . . . .
Экономить (экономлю,
  экономишь... экономят)
  (impf). . . . .
Экономичный
  (экономично). . . . .

Игнатий Дьяков

Глава 21
КАРТОННАЯ ЭКОНОМИЯ

На самом деле, картонные полицейские в форме *от Юдашкина* были везде: на шоссе и на улицах городов, у магазинов и банкоматов. Даже у общественного туалета Джордж увидел, как один картонный полицейский стоит и внимательно смотрит в кусты.

Джордж вспомнил, что читал в одной статье о том, почему русские часто используют картонных полицейских. Русские люди любят давать взятки и дарить подарки. Для них это норма. «День без взятки прожит зря», — шутят русские, а в каждой шутке есть немного правды, это знают все.

Но русские чиновники и полицейские не берут взятки. То есть вообще не берут. Совсем. Никогда. Было время, когда коррупция была большой проблемой в этой стране. Сейчас такой проблемы нет. Чиновники не хотят брать взятки, потому что они отлично живут и так.

Глава 21

Но если русские люди любят давать взятки, а чиновники говорят нет, случается конфуз. Конфуз очень неприятен для всех. Да и нагрузка на судебную систему большая, потому что каждый такой конфуз нужно решать в суде. Чтобы избежать этого, правительство России решилось на беспрецедентный шаг — минимизировать контакты людей и чиновников. Тогда на дорогах страны появились картонные полицейские, а в организациях — чиновники-роботы. Умно, не так ли? И очень экономично: не надо покупать новую полицейскую форму *от Юдашкина*, не нужно много судей и прокуроров, не нужны здания для полиции и судов. Если правительство экономит, ему не нужно много налогов, поэтому в России низкие налоги и поэтому русские люди такие богатые и при этом любят своё правительство.

Джордж вспомнил, что он видел поезда без машинистов в лондонском метро. Очень экономично и удобно. Но если нет машинистов, то люди не помнят, что деньги экономятся. Ничто не напоминает им об этом. А если они не помнят об экономии, то не помнят и о том, кто экономит их деньги, не помнят о правительстве. Значит, популярность правительства не растёт. Российское правительство нашло отличный способ и экономить, и напоминать о себе — картонная экономия.

Вопросы

1. Где можно увидеть картонных полицейских?

_____

_____

_____

2. Зачем нужны картонные полицейские?
___
___
___

3. Что Вы думаете о картонных полицейских? Эффективны ли они? Есть ли они в Вашей стране?
___
___
___

Упражнение

Но если русские люди любят давать взятк____, а чиновники говорят нет, случается конфуз____. Конфуз очень неприятен для всех. Да и нагрузка на судебную систем____ большая, потому что каждый такой конфуз____ нужно решать в суд____. Чтобы избежать этого, правительство Росси____ решилось на беспрецедентный шаг____ — минимизировать контакт____ люд____ и чиновник____. Тогда на дорог____ стран____ появились картонные полицейские, а в организаци____ — чиновники-роботы. Умно, не так ли? И очень экономично: не надо покупать новую полицейскую форм____ *от Юдашкина*, не нужно много суд____ и прокурор____, не нужны здания для полици____ и суд____. Если правительство экономит, ему не нужно много налог____, поэтому в Росси____ низкие налоги и поэтому русские люди такие богатые и при этом любят своё правительств____.

Джордж вспомнил, что он видел поезд____ без машинист____ в лондонском метр____.

Бокал . . . .

Бояться (боюсь, боишься... боятся) *(impf)* . . . .

Высший. . . . .

Глоток. . . . .

Гостиная . . . .

Действительный (действительно) . . . .

Договориться *(perf)* . . . .

Допить *(perf)* . . . .

Дорогой. . . . .

Жаль. . . . .

Загородный . . . .

Задавать вопрос (задаю, задаёшь... задают) *(impf)* . . . .

Занять *(perf)* . . . .

Иногда . . . .

Кончить. . . . .

Лист . . . .

Махинация. . . . .

Мысль (f) . . . .

Наивный . . . .

Находиться (нахожусь, находишься... находятся) *(impf)* . . . .

Номер . . . .

Общий . . . .

Отличный (отлично). . . . . . .

Памятник. . . . .

Провести *(perf)* . . . .

Продолжать (продолжаю, продолжаешь... продолжают) *(impf)* . . . .

Пушка. . . . .

Расследование. . . . .

Связь (f) (на связи). . . . . . .

Собеседник (f — собеседница) . . . . . .

Специализация . . . .

Схема . . . .

Узкий (узко) . . . .

Царь (m) . . . .

Частый (часто) . . . .

Чаще. . . . .

Широкий (широко) . . . .

Глава 22
В ПУТЬ К ЦАРЬ-ПУШКЕ!

За всеми этими мыслями дорога до дома Царёва не заняла много времени. И вот уже Джордж сидел в кресле в гостиной загородного дома русского консультанта и рассказывал о своей проблеме.

Царёв слушал Джорджа внимательно, смотрел в глаза, иногда задавал вопросы, но чаще молчал и только пил молоко из бокала для вина. Джордж кончил свой рассказ. Собеседник Джорджа продолжал молча смотреть ему в глаза, будто ждал, что Джордж скажет что-то ещё. Так прошла минута или две. Вдруг одним глотком он допил своё молоко и сказал:

— Боюсь, что я не могу помочь Вам, дорогой Джордж. Я специалист высшего класса, но у меня узкая специализация. Я работаю только по России. Вам же нужен специалист широкого профиля, тот, кто понимает международный бизнес и международные махинации. Мне жаль, что Вы прилетели в Россию, а результат нулевой.

— Но мне Вас рекомендовали...

Рассказ-провокация 109

Глава 22

— Понимаю. Я действительно хороший специалист, скажу больше — я лучший специалист, и это факт. Но Ваша ситуация не стандартная. Россия здесь ни при чём. IP за Уралом — это только мираж. Вы думаете, что он есть, а в реальности его нет. Это известная схема, очень популярная в виртуальном криминальном мире. Хорошо, давайте договоримся так: я постараюсь узнать всё, что могу здесь. А Вы — Вы летите в Швейцарию.

— В Швейцарию? Я как раз хотел искать там специалиста. («И зайти в русскую галерею Эрарта, у них филиал в Цюрихе», — подумал про себя Джордж.)

— Вот и отлично. Я дам Вам адрес, — Царёв взял лист бумаги, написал на нём что-то, потом дал Джорджу. — Вы придёте туда и скажете пароль: «Царь-пушка — уникальный исторический памятник, который находится в центре Москвы в Кремле». Запомнили?

— Да. Царь-пушка — уникальный исторический памятник, который находится в центре Москвы в Кремле.

— Отлично. Тогда — в добрый путь! А я пока постараюсь провести своё расследование и дам Вам знать. Я пришлю sms.

— Договорились. Вы запишете мой номер?

— Зачем? Я его уже знаю.

— Откуда? А-а, понял, наш общий итальянский друг дал Вам мой номер, да?

— Нет, — Царёв улыбнулся. — Милый мой наивный Джордж, Вы же в России. Здесь все всё хотят знать и... знают. Будем на связи. В путь!

Вопросы

1. Что Вы можете сказать о Царёве? Какой он человек?
2. Готов ли он помочь Джорджу? Что он рекомендует Джорджу?
3. Как Вы думаете, что случится дальше?

Упражнение

За всеми этими мысл____ дорога до дом____ Царёв____ не заняла много врем____. И вот уже Джордж сидел в кресл____ в гостин____ загородного дом____ русского консультант____ и рассказывал о своей проблем____.

Царёв слушал Джордж____ внимательно, смотрел в глаз____, иногда задавал вопрос____, но чаще молчал и только пил молок____ из бокал____ для вин____. Джордж кончил свой рассказ. Собеседник Джордж____ продолжал молча смотреть ему в глаз____, будто ждал, что Джордж скажет что-то ещё. Так прошла минута или две. Вдруг одним глотк____ он допил своё молок____ и сказал:

— Боюсь, что я не могу помочь Вам, дорогой Джордж. Я специалист высшего класс____, но у меня узкая специализаци____. Я работаю только по Росси____. Вам же нужен специалист широкого профил____, тот, кто понимает международный бизнес____ и международные махинаци____. Мне жаль, что Вы прилетели в Росси____, а результат нулевой.

Будить (бужу, будишь... будят) (impf) . . . .

Будущий . . . .

Вслух . . . .

Вылетать (вылетаю, вылетаешь... вылетают) (impf) . . . .

Ждать (жду, ждёшь... ждут) (impf) . . . .

Измотать (perf) . . . .

Кошмар . . . .

Оставаться (остаюсь, остаёшься... остаются) (impf) . . . .

Платить (плачу, платишь... платят) (impf) . . . .

Полтора . . . .

Последний . . . .

Прав . . . .

Приятный (приятно) . . . . . .

Проектировать (проектирую, проектируешь... проектируют) (impf) . . . .

Просыпаться (просыпаюсь, просыпаешься... просыпаются) (impf) . . . .

Самолёт . . . .

Слева . . . .

Событие . . . .

Спешить (спешу, спешишь... спешат) (impf) . . . .

Справа . . . .

Сударь
(f — сударыня) . . . .

Уставать (устаю, устаёшь... устают) (impf) . . . .

Игнатий Дьяков

Глава 23
РОССИЙСКИЙ МИРАЖ

Джордж вышел из дома Царёва, сел в такси, которое ждало его на дороге, и сказал только:

— В аэропорт Шереметьево, пожалуйста.

— Хорошо, — ответил водитель, и они поехали.

Джордж закрыл глаза — только сейчас он понял, как он устал, как события последней недели измотали его физически.

— Да, мираж... — сказал вслух Джордж и...

— Сударь, сударь, мы уже в аэропорту. Просыпайтесь! — таксист стоял рядом с Джорджем, а не сидел на своём месте. Дверь машины была открыта. Джордж медленно открыл глаза и не сразу понял, что сказал водитель.

— Что? Как?

— Мы уже в аэропорту, сударь. Вам нужно спешить, у Вас скоро самолёт.

— Сколько сейчас времени?

Рассказ-провокация 113

— Семь сорок. Вы спали все полтора часа, которые мы ехали, и потом здесь, на парковке. Я не хотел будить Вас, но сейчас должен: Ваш самолёт скоро вылетает.

— Вы серьёзно? Как я мог столько спать?! Кошмар! Спасибо, что разбудили. Сколько я Вам должен?

— Ничего, сударь. Ваш банк уже оплатил счёт. У Вас очень приятный секретарь: позвонила, оплатила всё по телефону и сказала, когда разбудить Вас.

— О, Любовь прекрасна!

— Что-что?

— Любовь, моего секретаря зовут Любовь. Она прекрасный секретарь, Вы абсолютно правы, — и Джордж вышел из машины.

— А-а, она русская. А я думал, почему она так хорошо говорит по-русски. Ну, счастливого Вам пути! Удачи!

— Спасибо. Вам счастливо оставаться. До свидания!

Джордж взял свой портфель и пошёл к зданию аэропорта.

— Сударь, Вы куда? Аэропорт не там, он слева. Впереди — только рекламная фотография будущего здания аэропорта. Его сейчас проектируют.

— А-а, снова мираж?.. Спасибо, — и Джордж повернул налево.

Вопросы

1. Что делал Джордж по дороге в аэропорт? Почему?

2. Что необычного было в аэропорту?

3. Картонные полицейские, рекламная фотография аэропорта — нужны ли они? Или лучше без них?

Упражнение

Джордж вышел из дома Царёва, сел в такси, которое ждало ____ (он) на дороге, и сказал только:

— В аэропорт Шереметьево, пожалуйста.

— Хорошо, — ответил водитель, и ____ поехали.

Джордж закрыл глаза — только сейчас он понял, как ____ устал, как события последней недели измотали ____ (он) физически.

— Да, мираж... — сказал вслух Джордж и...

— Сударь, сударь, мы уже в аэропорту. Просыпайтесь! — таксист стоял рядом с Джорджем, а не сидел на ____ (он) месте. Дверь машины была открыта. Джордж медленно открыл глаза и не сразу понял, что сказал водитель.

— Что? Как?

— Мы уже в аэропорту, сударь. ____ (Вы) нужно спешить, у ____ (Вы) скоро самолёт.

— Сколько сейчас времени?

— Семь сорок. Вы спали все полтора часа, которые мы ехали, и потом здесь, на парковке. Я не хотел будить ____ (Вы), но сейчас должен: ____ (Вы) самолёт скоро вылетает.

— Вы серьёзно? Как я мог столько спать?! Кошмар! Спасибо, что разбудили. Сколько я ____ (Вы) должен?

— Ничего, сударь. ____ (Вы) банк уже оплатил счёт. У ____ (Вы) очень приятный секретарь: позвонила, оплатила всё по телефону и сказала, когда разбудить ____ (Вы).

Автоответчик . . . .
Вежливый (вежливо) . . . . . .
Ворота . . . .
Же . . . .
Желать (желаю, желаешь...
　желают) *(impf)* . . . .
Женский . . . .
Забыть . . . .
Кабинка. . . . .
Любезный (любезно) . . . . . .
Печатать (печатаю,
　печатаешь... печатают)
　(impf). . . . .
Повернуть *(perf)* . . . .

Позвать *(perf)* . . . .
Посадочный талон . . . .
Похожий . . . .
Процедура . . . .
Прямой (прямо). . . . .
Рабочий. . . . .
Разрешать (разрешаю,
　разрешаешь... разрешают)
　(impf) . . . .
Стажёр (f — стажёрка) . . . . .
Стандартный
　(стандартно) . . . .
Что-то. . . . .
Штамп. . . . .

Глава 24
СТАНДАРТНАЯ ПРОЦЕДУРА

В здании аэропорта Джордж сразу пошёл к стойке регистрации.

— Девушка, добрый день! Я лечу в Цюрих. У меня нет багажа, только этот портфель. Я не очень опоздал?

— Здравствуйте! Если у Вас нет багажа, то нет, Вы не опоздали. Можно Ваш паспорт и билет, пожалуйста?

— Да-да, конечно.

— У Вас есть швейцарская виза? Ой, извините, у Вас же гваделупский паспорт, значит, Вам не нужна виза. Так, у Вас билет в эконом-класс, но сегодня в качестве подарка от нашей авиакомпании разрешите посадить Вас в бизнес-класс.

— Спасибо большое. Очень любезно с Вашей стороны.

— Вот Ваш посадочный талон и паспорт. Сейчас проходите, пожалуйста, на паспортный контроль —

Глава 24

прямо и налево по коридору. После контроля посадка на самолёт (выход 44). Счастливого пути!

— Спасибо. До свидания!

Джордж пошёл по коридору, по пути подошёл к автомату и купил пакет апельсинового сока, повернул налево — впереди были кабинки паспортного контроля. Девушки в зелёной форме брали паспорта у пассажиров, внимательно смотрели им в лица, потом на фотографии в паспортах и печатали что-то на компьютере. Потом ставили в паспорта штампы, отдавали документы и желали счастливого пути.

Джордж подошёл к кабинке, отдал свой паспорт и посмотрел на девушку. Она была совсем молодая, только после университета, она была так похожа на Анну, когда та была стажёркой в банке. Анна — он же совсем забыл позвонить ей! Как он мог?!

— Господин Ажжан, Ваш паспорт. Счастливого Вам пути! И не забудьте позвонить родным! — девушка улыбнулась и позвала:

— Следующий.

— Что Вы сказали? Ах да, я же в России, здесь все всё знают. Спасибо. До свидания!

Джордж пошёл сразу к выходу 44, сел на скамейку, открыл свой сок, взял телефон из кармана и позвонил Анне на рабочий номер, но там ответил только вежливый автоматический женский голос. Ну да, включить автоответчик — это стандартная процедура в Национальном банке Гваделупы в конце рабочего дня. Он позвонил Анне на мобильник, но снова услышал только автоответчик.

Вопросы

1. Какой подарок получил Джордж от авиакомпании?
2. Расскажите о процедуре паспортного контроля.
3. Что сделал Джордж, когда подошёл к выходу 44?

Упражнение

— Сейчас проходите, пожалуйста, на паспортный контрол____ — прямо и налево по коридор____. После контрол____ посадка на самолёт____ (выход 44). Счастливого пут____!

— Спасибо. До свидания!

Джордж пошёл по коридор____, по пут____ подошёл к автомат____ и купил пакет____ апельсинового сок____, повернул налево — впереди были кабинк____ паспортного контрол____. Девушки в зелёной форм____ брали паспорт____ у пассажир____, внимательно смотрели им в лиц____, потом на фотографи____ в паспорт____ и печатали что-то на компьютер____. Потом ставили в паспорт____ штамп____, отдавали документ____ и желали счастливого пут____.

Джордж подошёл к кабинк____, отдал свой паспорт____ и посмотрел на девушк____. Она была совсем молодая, только после университет____, она была так похожа на Анн____, когда та была стажёрк____ в банк____. Анна — он же совсем забыл позвонить ей! Как он мог?!

— Господин Ажжан, Ваш паспорт____. Счастливого Вам пут____! И не забудьте позвонить родн____!

Включать (включаю, включаешь… включают) *(impf)* . . . .

Вряд ли . . . .

Второй . . . .

Выбирать (выбираю, выбираешь… выбирают) *(impf)* . . . .

Гореть (горю, горишь… горят) *(impf)* . . . .

Дверь (f) . . . .

Действительно . . . .

Деревянный . . . .

Задний . . . .

Звонок . . . .

Каменный . . . .

Кроме . . . .

Молчать (молчу, молчишь… молчат) *(impf)* . . . .

Надпись (f) . . . .

Незнакомый (незнакомо) . . . .

Ну что же . . . .

Остановить *(perf)* . . . .

Первый . . . .

Проверять (проверяю, проверяешь… проверяют) *(impf)* . . . .

Прощаться (прощаюсь, прощаешься… прощаются) *(impf)* . . . .

Сбыться . . . .

Сеть (f) . . . .

Смеяться (смеюсь, смеёшься… смеются) *(impf)* . . . .

Сниться . . . .

Сомневаться (сомневаюсь, сомневаешься… сомневаются) *(impf)* . . . .

Сон . . . .

Сонник . . . .

Сообщение . . . .

Специалист . . . .

Спокойный (спокойно) . . . .

Сразу . . . .

Табличка . . . .

Удивляться (удивляюсь, удивляешься… удивляются) *(impf)* . . . .

Цена . . . .

Глава 25
ШВЕЙЦАРСКИЙ СЮРПРИЗ

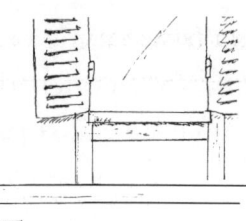

В самолёте Джордж спал, но ему снились странные сны. В один момент он жил в большом автоответчике. Автоответчик был его домом. Но он не удивлялся этому, в его сне было нормой жить в автоответчике. Потом это уже был не дом, а он сам. Он был автоответчиком. Он шёл по банку и говорил коллегам: «У Вас миллиард новых сообщений. Миллиард сообщений!» — и смеялся истерическим смехом. Потом он видел во сне Любовь и кричал ей в лицо: «Ты мираж! Ты мираж! Поэтому я в безопасности». Она только смеялась в ответ и молчала...

Странные сны, очень странные и неспокойные, но при этом Джордж проснулся свежим, позавтракал в самолёте, проверил электронную почту. Он думал посмотреть в Интернете сонник, чтобы узнать, что значили его сны, но не стал: сейчас были более важные дела. Кроме того, он видел эти сны не в ночь с четверга на пятницу, а значит, вряд ли они сбудутся.

Когда Джордж прилетел в Цюрих и вышел из самолёта, он сразу включил телефон. Он нашёл сеть Swiss Mobile; три секунды, и пришло сообщение:

Глава 25

«Спасибо, что выбрали Swiss Mobile! Минута разговора стоит 45 евроцентов, sms 33 евроцента». «Недорого, — подумал Джордж. — И как хорошо, что дали цены в евро, как на Гваделупе». А потом пришла ещё одна sms, с незнакомого номера: «Ничего». Одно слово, но русский консультант сказал им всё... То, что это был русский консультант, Джордж даже не сомневался. Ну что же, надо брать такси и ехать к швейцарцу.

Гваделупец вышел из здания аэропорта и пошёл к стоянке такси, назвал таксисту адрес и сел на заднее сиденье. В этот раз в такси он не спал. Он думал, кто будет этот швейцарский консультант, действительно ли он хороший специалист и сможет ли помочь Национальному банку Гваделупы. Интересно, нашла ли уже что-то гваделупская полиция? Вряд ли. Джордж проверял электронную почту в самолёте, но новой информации не было ни от службы безопасности банка, ни от полиции.

Таксист остановил машину у небольшого каменного здания. Два окна, в которых горел свет, на втором этаже и деревянная дверь на первом. Вот и всё здание. Джордж заплатил таксисту, взял его номер телефона, чтобы позвонить после встречи, попрощался и подошёл к двери. Но не успел он найти звонок и прочитать надпись на табличке, как дверь открылась:

— Вы???
— Добрый день, Джордж!..

Вопросы

1. Какие сны снились Джорджу в полёте?
2. Как Вы думаете, кто открыл дверь Джорджу?

Упражнение

В самолёт____ Джордж спал, но ему снились странные сн____. В один момент____ он жил в большом автоответчик____. Автоответчик был его дом____. Но он не удивлялся этому, в его сн____ было норм____ жить в автоответчик____. Потом это уже был не дом, а он сам. Он был автоответчик____. Он шёл по банк____ и говорил коллег____: «У Вас миллиард новых сообщени____. Миллиард сообщени____!» — и смеялся истерическим смех____. Потом он видел во сн____ Любов____ и кричал ей в лиц____: «Ты мираж! Ты мираж! Поэтому я в безопасност____». Она только смеялась в ответ____ и молчала...

Странные сны, очень странные и неспокойные, но при этом Джордж проснулся свежим, позавтракал в самолёт____, проверил электронную почт____. Он думал посмотреть в Интернет____ сонник____, чтобы узнать, что значили его сн____, но не стал: сейчас были более важные дел____. Кроме того, он видел эти сн____ не в ноч____ с четверг____ на пятниц____, а значит, вряд ли они сбудутся.

Когда Джордж прилетел в Цюрих____ и вышел из самолёт____, он сразу включил телефон____. Он нашёл сет____ Swiss Mobile; три секунд____, и пришло сообщени____: «Спасибо, что выбрали Swiss Mobile! Минута разговор____ стоит 45 евроцент____, sms 33 евроцент____». «Недорого, — подумал Джордж. — И как хорошо, что дали цены в евр____, как на Гваделуп____». А потом пришло ещё одно sms, с незнакомого номер____: «Ничего». Одно слово, но русский консультант сказал им всё... То, что это был русский консультант, Джордж даже не сомневался. Ну что же, надо брать такс____ и ехать к швейцарц____.

Брать (беру, берёшь... берут) *(impf)*..............
Бублик...............
Вкусный (вкусно).........
Деньги (Pl)............
Знакомый.............
Исчезать (исчезаю, исчезаешь... исчезают) *(impf)*..............
Казаться (кажусь, кажешься... кажутся) *(impf)*........
Круглый..............
Мошенник (f — мошенница).......
Мудрый (мудро).........
Нервный (нервно)........
Общий...............
Повод................
Позволять (позволяю, позволяешь... позволяют) *(impf)*..............

Положить..............
Представитель (m)........
Причина..............
Простой (просто).........
Проходить (прохожу, проходишь... проходят) *(impf)*..............
Разве................
Рейс.................
Решение..............
Сладость (f)............
Согласен..............
Стабильность (f).........
Стекло................
Стеклянный............
Стесняться (стесняюсь, стесняешься... стесняются) *(impf)*..............
Только что............
Хаотичный (хаотично)...........

Глава 26
О БУБЛИКАХ И ИНТРИГАХ

Они сидели за большим круглым стеклянным столом в центре офиса господина Щёкина и пили чай с бубликами. Джордж обратил внимание на фотографию Roxy-Art на стене.

— Вам тоже нравятся работы Roxy-Art? У меня тоже висит одна в кабинете...

— Да, они очень оригинальные. Даже не знаю, что привлекает меня в них больше всего. Но Вы берите ещё бубликов, не стесняйтесь, Джордж, — ответил господин Щёкин. — Они свежие, мне только что передал их наш общий знакомый из Подмосковья. Они летели тем же самым рейсом, что и Вы.

— Спасибо, господин Щёкин, спасибо, они очень вкусные — у русских удивительно вкусные сладости.

— Да-да, абсолютно согласен с Вами, Джордж. И зовите меня просто — Георгий. Не нужно формальностей.

Глава 26

Георгий Щёкин казался абсолютно спокойным, но через стекло стола Джордж видел, как ноги консультанта и бывшего представителя Всемирной службы обеспечения независимости (ВСОН) двигались нервно и хаотично.

— Договорились, Георгий.

— Очень хорошо помню нашу первую встречу в вашем банке на Гваделупе. Тогда Вы показались мне совсем не простым человеком.

— Да, Вы так сказали тогда. Думаю, это было причиной того, почему наша первая встреча стала и последней?

— Вы снова спешите, Джордж, как русский офицер во французском бистро: «Быстро-быстро!» Наша встреча была совсем не последней. Вот Вы сидите сейчас здесь, в моём кабинете и едите мои бублики.

Джордж посмотрел в глаза Георгия и положил бублик на стол.

— Нет-нет, что Вы, милый Джордж! Я имел в виду совсем не это. Пожалуйста, ешьте бублики... Ну пожалуйста, — Георгий улыбнулся. — Я хотел сказать, что не всё так просто в этом мире. Всё проходит, всё изменяется, но наши встречи были, есть и будут. Нет ВСОН, нет больше стабильности на Гваделупе, Вы — вице-президент банка, я — обычный консультант, а мы снова вместе. Так что не спешите, милый Джордж, не спешите.

— Хорошо, Георгий, согласен. Я так понимаю, что мне не нужно говорить, по какому поводу я приехал в Швейцарию. Представитель ВСОН или обычный консультант, Вы всегда знаете всё.

— Вы правы, я знаю, что в Национальном банке Гваделупы начались проблемы: исчезают деньги ваших иностранных клиентов. И Вы решили действовать параллельно с полицией. Решили найти консультанта, который поможет Вам найти мошенников. Очень мудрое решение, и я рад, что в результате Вы приехали ко мне.

— Я приехал не к Вам, я приехал к швейцарскому консультанту, которого мне рекомендовали...

— И сейчас Вы сидите в моём кабинете и едите мои бублики. Джордж, дорогой мой, ну подумайте сами — разве я мог позволить, чтобы Вам рекомендовали кого-то другого?

Вопросы:

1. Опишите, что такое бублик.
___
___
___

2. О чём говорят Джордж Ажжан и Георгий Щёкин?
___
___
___
___

3. Как Вы думаете, будет ли Георгий помогать Джорджу? Или он сам мошенник?
___
___
___

Упражнение:

— Вы снова спеш____, Джордж, как русский офицер во французском бистро: «Быстро-быстро!» Наша встреча бы____ совсем не последней. Вот Вы сид____ сейчас здесь, в моём кабинете и ед____ мои бублики.

Джордж посмотр____ в глаза Георгия и полож____ бублик на стол.

— Нет-нет, что Вы, милый Джордж! Я име____ в виду совсем не это. Пожалуйста, еш____ бублики... Ну пожалуйста, — Георгий улыбнулся. — Я хоте____ сказ____, что не всё так просто в этом мире. Всё проход____, всё изменя____ся, но наши встречи бы____, есть и буд____. Нет ВСОН, нет больше стабильности на Гваделупе, Вы — вице-президент банка, я — обычный консультант, а мы снова вместе. Так что не спеш____, милый Джордж, не спеш____.

— Хорошо, Георгий, согласен. Я так понима____, что мне не нужно говор____, по какому поводу я приеха____ в Швейцарию. Представитель ВСОН или обычный консультант, Вы всегда зна____ всё.

— Вы правы, я зна____, что в Национальном банке Гваделупы нача____сь проблемы: исчеза____ деньги ваших иностранных клиентов. И Вы реши____ действова____ параллельно с полицией. Реши____ найти консультанта, который помож____ Вам найти мошенников. Очень мудрое решение, и я рад, что в результате Вы приеха____ ко мне.

— Я приеха____ не к Вам, я приехал к швейцарскому консультанту, которого мне рекомендова____...

Волна . . . .

Вторая мировая война . . . . .

Граница . . . .

Жениться (женюсь, женишься... женятся) (impf) . . . .

Заранее . . . .

Кровь (f) . . . .

Личный (лично) . . . .

Мать (f) . . . .

Отец . . . .

Отъезд . . . .

Пожать руку (perf) . . . .

Поздний (поздно) . . . .

Позже . . . .

Правильный (правильно) . . . .

Пригласить (perf) . . . .

Прошлый . . . .

Рано или поздно . . . .

Родиться (perf) . . . .

Родом . . . .

Север . . . .

Сегодняшний . . . .

Спрашивать (спрашиваю, спрашиваешь... спрашивают) (impf) . . . .

Фамилия . . . .

Юг . . . .

Глава 27
ДОГОВОРИЛИСЬ...

Они говорили до позднего вечера, съели все бублики, и, кажется, Джордж начал понимать Георгия чуть лучше. Если в прошлую их встречу на Гваделупе Георгий Щёкин рассказывал о семье Джорджа, то сейчас он рассказал немного о своей семье.

Родом из России, отец господина Щёкина переехал в Англию сразу после Второй мировой войны. Сначала он жил на севере, недалеко от границы с Шотландией. Там он встретил свою жену. Она тоже была русской, из семьи эмигрантов так называемой первой волны. Её родители уехали из России в 1920-м году в Турцию, а в конце двадцатых переехали в Европу. Они остались жить на юге Франции, а мать господина Щёкина уехала учиться в университет в Шотландию.

Отец и мать господина Щёкина поженились в Йорке, а потом переехали в Лондон, где и родился Георгий. Это не уникальная ситуация, объяснил он. У многих английских политиков и бизнесменов, актёров и музыкантов, даже у обычных людей есть русская кровь. Поэтому ничего странного в том, что у него русская фамилия и британский паспорт.

Такой открытый разговор очень помог. Легко договориться с человеком, если знаешь о нём много. Сейчас на практике Джордж понял, о чём писала Любовь в своей аналитической справке перед его отъездом в Россию. Правильно делают русские, что сначала строят личные отношения и только потом занимаются вместе бизнесом.

В конце встречи они договорились, что Джордж полетит на Гваделупу, а Георгий прилетит туда чуть позже, потому что сначала ему нужно посетить другую страну. Он не стал говорить — какую, а Джордж решил не спрашивать. После сегодняшнего разговора он почему-то был уверен, что Георгий расскажет всё сам рано или поздно. Георгий только попросил Джорджа заранее организовать встречу. На эту встречу он попросил пригласить президента Национального банка Гваделупы, Анну и Любовь, и, конечно, он хотел, чтобы сам Джордж был на этой встрече тоже.

— Я сам закажу столик в ресторане, Джордж. Я хочу, чтобы наша встреча была неформальной. А ты — ты только пригласи, пожалуйста, на встречу своих коллег, — сказал Георгий, когда они подошли к входной двери и пожали друг другу руки.

— Должен ли я пригласить также капитана Тьери из отдела по борьбе с экономическими преступлениями и начальника службы безопасности банка? — спросил Джордж.

— Если хочешь, Джордж... Но я рекомендую пригласить только президента, Анну и Любовь, — и Георгий внимательно посмотрел Джорджу в глаза.

— Договорились, — ответил банкир и вышел из дома.

Вопросы

1. Расскажите историю семьи Георгия Щёкина.
2. Какой совет Любови понравился Джорджу? Почему?
3. О чём договорились Джордж и Георгий в конце встречи?

Упражнение

Они говорили до позднего вечер____, съели все бублик____ и, кажется, Джордж начал понимать Георги____ чуть лучше. Если в прошлую их встреч____ на Гваделуп____ Георгий Щёкин рассказывал о семь____ Джордж____, то сейчас он рассказал немного о своей семь____.

Родом из Росси____, отец господин____ Щёкин____ переехал в Англи____ сразу после Второй мировой войн____. Сначала он жил на север____, недалеко от границ____ с Шотланди____. Там он встретил свою жен____. Она тоже была русской, из семь____ эмигрант____ так называемой первой волн____. Её родители уехали из Росси____ в 1920-м год____ в Турци____, а в конц____ двадцатых переехали в Европ____. Они остались жить на юг____ Франци____, а мать господин____ Щёкин____ уехала учиться в университет____ в Шотланди____.

Отец и мать господин____ Щёкин____ поженились в Йорк____, а потом переехали в Лондон____, где и родился Георгий. Это не уникальная ситуация, объяснил он. У многих английских политик____ и бизнесмен____, актёр____ и музыкант____, даже у обычных люд____ есть русская кровь. Поэтому ничего странного в том, что у него русская фамили____ и британский паспорт____.

Рассказ-провокация

Голос. . . . .
Дамская комната . . . .
Кушать подано . . . .
Напиток . . . .
Немедленно . . . .

Опоздать *(perf)* . . . .
Полезный (полезно) . . . .
Скучать (скучаю, скучаешь… скучают) *(impf)* . . . .
Собраться *(perf)* . . . .

Глава 28
КУШАТЬ ПОДАНО!

Прошла неделя. В обед Джордж и Анна приехали в ресторан, где они обычно ужинали. Метрдотель приветствовал их и показал столик, который уже заказал господин Щёкин. Джордж сразу прошёл к столу, а Анна решила зайти в дамскую комнату на минуту.

За столиком уже сидела Любовь и пила яблочный сок.

— Здравствуй, Любовь! Как ты успела приехать раньше? Ведь мы вышли из офиса почти одновременно!

— У женщин свои секреты, — улыбнулась Любовь. — А где Анна?

— Она в дамской комнате. Сейчас придёт.

— Ой, я тогда тоже пойду туда. Мы скоро вернёмся. Не скучай!

В этот момент подошёл официант и спросил, не хочет ли Джордж что-нибудь выпить перед обедом.

— Да, я буду апельсиновый сок, а моя подруга будет минеральную воду без газа.

Когда официант ушёл, Джордж остался один и посмотрел вокруг. В ресторане было много людей, все столики были заняты, кроме четырёх, которые стояли рядом с их столом. Это было очень необычно, но Джордж не удивился; он уже знал, как работает господин Щёкин.

— Добрый день, Джордж. Как Вы? — услышал Джордж голос президента Национального банка Гваделупы.

— О, здравствуйте, господин президент. У меня всё хорошо, спасибо. Как Ваши дела?

— Да-да, всё было бы отлично, если бы не проблема со счетами наших иностранных клиентов. Ну да надеюсь, Ваш консультант расскажет нам что-нибудь интересное и полезное. Кстати, Вы не знаете, почему он не пригласил также капитана Тьери из отдела по борьбе с экономическими преступлениями?

— Нет, если честно, тоже не понимаю, почему здесь должны быть Анна и Любовь, но не Тьери. Господин Щёкин дал нам очень странные инструкции.

За стол вернулись женщины, а официант принёс напитки.

— Вы уже будете делать заказ? — спросил он.

— Нет, пока нет. Мы ждём ещё одного человека. А вот и он. Здравствуйте, господин Щёкин! Все уже здесь, как Вы и просили.

— Отлично-отлично. Всем добрый день! Mille pardon за то, что я опоздал, и спасибо, что вы все пришли. Давайте сначала сделаем заказ и пообедаем?

И они позвали официанта, заказали кто суп и салат, кто бизнес-ланч, а кто и просто только десерт.

— Итак, господин Щёкин, могу я узнать, почему все мы собрались здесь? — спросил президент, когда официант ушёл.

— Конечно-конечно, я объясню всё немедленно. Я собрал вас здесь, дамы и господа, чтобы объявить, кто ворует деньги из вашего банка.

Вопросы

1. Расскажите, кто и когда пришёл в ресторан.

_____

_____

_____

_____

_____

2. Зачем господин Щёкин пригласил всех в ресторан?

_____

_____

_____

_____

Упражнение

Анна решила зайти в дамск____ комнату на минуту.

За столиком уже сидела Любовь и пила яблочн____ сок.

— Здравствуй, Любовь! Как ты успела приехать раньше? Ведь мы вышли из офиса почти одновременн____!

— У женщин сво____ секреты, — улыбнулась Любовь. — А где Анна?

— Она в дамск____ комнате. Сейчас придёт.

— Ой, я тогда тоже пойду туда. Мы скор____ вернёмся. Не скучай!

В эт____ момент подошёл официант и спросил, не хочет ли Джордж что-нибудь выпить перед обедом.

Рассказ-провокация

Глава 28

— Да, я буду апельсинов____ сок, а моя подруга будет минеральн____ воду без газа.

Когда официант ушёл, Джордж остался один и посмотрел вокруг. В ресторане было много людей, все столики были занят____, кроме четырёх, которые стояли рядом с их столом. Это было очень необычн____, но Джордж не удивился; он уже знал, как работает господин Щёкин.

— Добрый день, Джордж. Как Вы? — услышал Джордж голос президента Национальн____ банка Гваделупы.

— О, здравствуйте, господин президент. У меня всё хорош____, спасибо. Как Ваш____ дела?

— Да-да, всё было бы отличн____, если бы не проблема со счетами наш____ иностранн____ клиентов. Ну да надеюсь, Ваш консультант расскажет нам что-нибудь интересн____ и полезн____. Кстати, Вы не знаете, почему он не пригласил также капитана Тьери из отдела по борьбе с экономическ____ преступлениями?

— Нет, если честн____, тоже не понимаю, почему здесь должны быть Анна и Любовь, но не Тьери. Господин Щёкин дал нам очень странн____ инструкции.

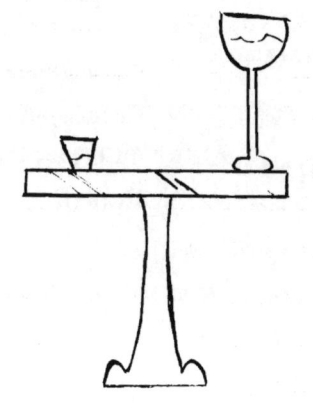

Авторитет . . . .
Бессильный . . . .
Век . . . .
Владеть (владею, владеешь... владеют) (impf) . . . .
Воровать (ворую, воруешь... воруют) (impf) . . . .
Дамы и господа . . . .
Достаточно. . . . .
Завоевать (perf) . . . .
Закулиса . . . .
Независимый (независимо) . . . .
Обеспечивать (обеспечиваю, обеспечиваешь... обеспечивают) (impf) . . . .
Образовательный . . . .

Оружие . . . .
Подозревать (подозреваю, подозреваешь... подозревают) (impf) . . . .
Порядок (по порядку) . . . .
Преподаватель (m) . . . .
Преступный (преступно) . . . .
Разведка . . . .
Раньше . . . .
Руководить (руковожу, руководишь... руководят) (impf) . . . .
Сотрудничество . . . .
Спецслужба . . . .
ФСБ . . . .
Цель (f) . . . .

Глава 29
МИРОВАЯ «ЗАКУЛИСА»

— Итак, дамы и господа, — начал господин Щёкин, — я расскажу вам о том, что узнал. А узнал я — ни много ни мало — кто ворует деньги клиентов Национального банка Гваделупы. Но обо всём по порядку.

Думаю, я не должен говорить вам, кто я. Вы все знаете, что раньше я работал во Всемирной службе обеспечения независимости, а сейчас я независимый консультант.

Но не факт, что Вы знаете, что до ВСОН я работал в МИ-6. И во ВСОН я пришёл по заданию Службы британской разведки, потому что мои начальники подозревали, что кто-то может использовать эту организацию в преступных целях. Так и случилось: когда Служба завоевала авторитет на мировой арене, преступники начали свою операцию. Я не буду рассказывать в деталях об этой сложной и многоаспектной операции. МИ-6 работала очень эффективно, чтобы нейтрализовать преступников. Нам очень помогли и наши коллеги из российского ФСБ. Вы знаете, что

Рассказ-провокация

спецслужбы России и Великобритании работают вместе уже много веков?

— Да, конечно, мы читали книги Бориса Акунина, поэтому хорошо знаем о сотрудничестве российских и британских спецслужб, — прокомментировал президент НБГ.

— Да-да, Акунин велик! О чём это я? А, так вот вместе мы достаточно долго и достаточно эффективно обеспечивали безопасность ВСОН и всего мира. Но когда преступники начали использовать образовательную систему в своих целях, мы были бессильны. Образование — самое сильное оружие в мире. Кто владеет образованием, тот владеет миром. Преступники начали методичную работу с университетами и бизнес-школами. Было ужасно смотреть на это и понимать, что скоро будет конец нашей цивилизации. А мы... мы не могли сделать ничего. Мы даже не знали, кто руководит этой преступной операцией. Мы видели, как каждый день на программах MBA преподаватели рассказывали об уникальной стабильности на Гваделупе и как каждый день богатые иностранцы переводили деньги на счета НБГ. Мы знали, что очень скоро все деньги мира будут в вашем банке, а потом... потом они исчезнут. И это будет конец мира, каким мы его знаем.

Вопросы

1. Расскажите, где работает и работал раньше Георгий Щёкин.

2. Какой писатель рассказывает о сотрудничестве российских и европейских спецслужб в своих книгах?

3. Какую тактику использовали преступники?

Упражнение

— Итак, дамы и господа, — нача____ господин Щёкин, — я расскаж____ вам о том, что я узна____. А узна____ я — ни много ни мало — ктоź воруу____ деньги клиентов Национального банка Гваделупы. Но обо всём по порядку.

Думаю, я не должен говори____ вам, кто я. Вы все зна____, что раньше я работа____ во Всемирной службе обеспечения независимости, а сейчас я независимый консультант.

Но не факт, что Вы зна____, что до ВСОН я работа____ в МИ-6. И во ВСОН я пришё____ по заданию Службы британской разведки, потому что мои начальники подозрева____, что кто-то мож____ использова____ эту организацию в преступных целях. Так и случи____сь: когда Служба завоева____ авторитет на мировой арене, преступники нача____ свою операцию. Я не буд____ рассказыва____ в деталях об этой сложной и многоаспектной операции. МИ-6 работа____ очень эффективно, чтобы нейтрализова____ преступников. Нам очень помог____ и наши коллеги из российского ФСБ. Вы зна____, что спецслужбы России и Великобритании работа____ вместе уже много веков?

— Да, конечно, мы чита____ книги Бориса Акунина, поэтому хорошо зна____ о сотрудничестве российских и британских спецслужб, — прокомментирова____ президент НБГ.

Биться (бьюсь, бьёшься... бьются) *(impf)* ....

Бывший ....

Внимание. ....

Внимательный (внимательно) ....

Внук (f — внучка) ......

Возможность (f) ....

Воровство ....

Встроенный ....

Зарплата ....

Земля ....

Интуитивный (интуитивно) ....

Лишний. ....

Назначение ....

Небоскрёб ....

Объём ....

Ответственный (ответственно) ....

Отправить в отставку *(perf)* ....

Ошибаться (ошибаюсь, ошибаешься... ошибаются) *(impf)* ....

Повышение ....

Похищать (похищаю, похищаешь... похищают) *(impf)* ....

Привлекать (привлекаю, привлекаешь... привлекают) *(impf)* ....

Приезд ....

Приличный (прилично) ....

Принципиальность (f) ....

Редкий (редко) ....

Сердце. ....

Совсем ....

Сразу ....

Убивать (убиваю, убиваешь... убивают) *(impf)* ....

Убивать двух зайцев ......

Шедевр ....

Глава 30
МИРОВАЯ «ЗАКУЛИСА»
(*продолжение*)

— Я сразу понял, что в банке есть инсайдер. Без него или неё нельзя воровать деньги в таких объёмах. Тогда я решил узнать, кто же инсайдер. Сначала я подозревал бывшего вице-президента НБГ господина Шапиро. Он человек немолодой, и за долгую жизнь у него появилось много связей. А где много связей, там и больше возможностей для воровства и коррупции.

Я не видел мотива (все знают, что в НБГ очень хорошие зарплаты и воровать нет нужды), но не всегда у преступника есть мотив. Тогда я решил отправить господина Шапиро в отставку. Таким образом я убивал сразу двух зайцев: мог посмотреть, он ли похищал деньги, и при этом мог дать повышение господину Ажжану, — господин Щёкин посмотрел на Джорджа, — чтобы проверить Вас. Логично было подумать, что инсайдером могли быть Вы.

Да-да, я подозревал и Вас, Джордж. Почему я не должен был подозревать человека, ответственного за работу со всеми иностранными клиентами НБГ? Я внимательно следил за Вами, изучил Вашу биографию и факты о Вашей семье... Так вот перед моим приездом на Гваделупу я инициировал Ваше назначение на пост вице-президента банка. Я думал, что это хороший тест. Если Вы помогаете мошенникам, то начнёте воровать деньги сразу. Я провоцировал Вас. Но ничего не произошло. А во время нашей встречи Вы приятно удивили меня своей принципиальностью. Я понял, что ошибался и что инсайдер не Вы.

И тут я встретил одну Вашу коллегу. Я интуитивно понял, что она и есть та, кого я ищу. Но я решил подождать и проверить. Одна деталь на её столе привлекла моё внимание — китайская ваза. Это очень редкая модель ваз. Во всём мире можно найти не больше десяти. Это был специальный дизайн по заказу известного китайского архитектора. Каждая ваза — это шедевр электроники со многими встроенными функциями. Девять ваз должны были стоять на каждом десятом этаже нового пекинского небоскрёба. Это девяностоэтажное здание в центре города, уникальное, потому что сорок пять этажей находятся под землёй, а другие сорок пять — над.

Я знал, что у Вас есть китайский клиент, архитектор. И я знал, что это здание — его проект. Поэтому я понимал, откуда в НБГ эта ваза — десятая, лишняя. Но мне было интересно другое: в вазе стояли удивительно красивые, дорогие и свежие цветы. При всём уважении — необычно видеть такие цветы на столе секретаря. Я спросил Любовь, и она ответила, что каждое утро ей дарят свежие цветы. Я не стал узнавать, кто дарит, да это и неприлично — задавать такие вопросы дамам. Но моё сердце забилось сильнее из-за двух фраз: «каждое утро» и «свежие цветы». Я вышел из банка и сразу пошёл в свой отель. Оттуда я позвонил своей подруге. Надо сказать, что это не совсем обычная женщина. Ли Сицин — внучка эмигрантов первой волны русской эмиграции — консультант при правительстве Китайской Народной Республики.

Вопросы

1. Как Георгий Щёкин решил узнать, кто инсайдер в банке?
2. Откуда у Любови китайская ваза? Расскажите о ней.
3. Кому позвонил Георгий Щёкин после встречи с Джорджем?

Упражнение

Одна деталь на её столе привлекла мо____ внимание — китайск____ ваза. Это очень редк____ модель ваз. Во вс____ мире можно найти не больше десяти. Это был специальн____ дизайн по заказу известн____ китайск____ архитектора. Кажд____ ваза — это шедевр электроники со многими встроенн____ функциями. Девять ваз должны были стоять на кажд____ десят____ этаже нов____ пекинск____ небоскрёба. Это девяностоэтажн____ здание в центре города, уникальн____, потому что сорок пять этажей находятся под землёй, а другие сорок пять — над.

Я знал, что у Вас есть китайский клиент, архитектор. И я знал, что это здание - его проект. Поэтому я понимал, откуда в НБГ эта ваза — десят____, лишн____. Но мне было интересно другое - в вазе стояли удивительно красив____, дорог____ и свеж____ цветы. При вс____ уважении — необычно видеть так____ цветы на столе секретаря. Я спросил Любовь, и она ответила, что кажд____ утро ей дарят свеж____ цветы. Я не стал узнавать, кто дарит, да это и неприлично — задавать такие вопросы дамам. Но мо____ сердце забилось сильнее из-за двух фраз: «кажд____ утро» и «свеж____ цветы».

Батарейка . . . .
Данные . . . .
Доказать (*perf*) . . . .
Закрытие . . . .
Зло . . . .
Изобретение . . . .
Именно . . . .
Исключение . . . .
Опасный
   (опасно) . . . .

Отдавать (отдаю, отдаёшь...
   отдают) (*impf*) . . . .
Передача . . . .
Помощь (f) . . . .
Приносить пользу (приношу,
   приносишь... приносят)
   (*impf*) . . . .
Программист . . . .
Сдержать слово (*perf*) . . . . .
Умный (умно) . . . .
Хватает . . . .

Глава 31
МИРОВАЯ «ЗАКУЛИСА»
(и ещё продолжение)

За столиком было тихо, никто не ел. Только господин Щёкин пил свой яблочный сок, а Любовь — зелёный чай.

— Так вот, я позвонил Ли Сицин, — продолжил Георгий Щёкин. — Я начал с малого — рассказал ей о вазе и цветах. Она сказала, что это инновационное китайское изобретение — ваза-факс, или ё-ваза. Если положить документы под неё, ваза отсканирует их, а потом пошлёт адресату. Такой вазе не нужны батарейки, потому что энергия генерируется цветами. Да-да, это новый вид альтернативной энергии. Свежие цветы отдают свою энергию, которой хватает для передачи данных. Умно, не так ли? Именно поэтому в вазе каждое утро должны были стоять свежие цветы, и они стояли.

Глава 31

Потом я спросил Ли Сицин, знает ли она о какой-нибудь уникальной китайской киберпреступной группировке. Она обещала найти информацию. Но моя интуиция уже говорила мне, где и кого искать. Но сначала мне нужно было нейтрализовать преступников. Я инициировал закрытие Всемирной службы обеспечения независимости. Ваше открытое письмо, Джордж, очень помогло мне в этом. Я использовал свои связи в правительствах разных стран, чтобы доказать им, какая это опасная организация — ВСОН. Так как никто не видел реальной помощи от Службы, я смог закрыть ВСОН очень быстро. Преступники были в шоке, я знал это. Но я также понимал, что они быстро найдут выход из этой ситуации. ВСОН была только одним из многих их инструментов.

Ли Сицин сдержала своё слово и нашла нужную мне информацию. Как она рассказала, в Китае действительно появилась серьёзная преступная группировка хакеров. Много лет китайское правительство инвестировало большие деньги в IT-образование. Китайские программисты и инженеры — отличные специалисты, они приносят пользу всему миру. Но, как всегда, в каждом правиле есть исключения. Несколько талантливых программистов решили, что работать на зло лучше.

Вопросы

1. Зачем нужны свежие цветы, если верить Ли Сицин?
2. Как Вы думаете, такой метод получения энергии может быть реальным?
3. Зачем Георгий Щёкин закрыл ВСОН?

Упражнение

Потом я спросил Ли Сицин, знает ли она о как____-нибудь уникальн____ китайск____ киберпреступн____ группировке. Она обещала найти информацию. Но моя интуиция уже говорила мне, где и кого искать. Но сначала мне нужно было нейтрализовать преступников. Я инициировал закрытие Всемирн____ службы обеспечения независимости. Ваше открыт____ письмо, Джордж, очень помогло мне в этом. Я использовал св____ связи в правительствах разн____ стран, чтобы доказать им, как____ это опасн____ организация — ВСОН. Так как никто не видел реальн____ помощи от Службы, я смог закрыть ВСОН очень быстро. Преступники были в шоке, я знал это. Но я также понимал, что они быстро найдут выход из эт____ ситуации. ВСОН была только одним из мног____ их инструментов.

Ли Сицин сдержала св____ слово и нашла нужн____ мне информацию. Как она рассказала, в Китае действительно появилась серьёзн____ преступн____ группировка хакеров. Много лет китайск____ правительство инвестировало большие деньги в IT-образование. Китайск____ программисты и инженеры — отличн____ специалисты, они приносят пользу всему миру. Но, как всегда, в кажд____ правиле есть исключения. Несколько талантлив____ программистов решили, что работать на зло лучше.

Выполнять (выполняю, выполняешь... выполняют) *(impf)* . . . .
Делить (делю, делишь... делят) *(impf)* . . . .
Кабинет. . . . .
Коллектив . . . .
Немедленно . . . .

Случайно . . . .
Специально . . . .
Страховая компания . . . .
Увольнять (увольняю, увольняешь... увольняют) *(impf)* . . . .
Член . . . .

Глава 32
ТАКИЕ ДЕЛА

— Преступники очень быстро поняли, что я знаю о них. И решили реализовать свой преступный план как можно скорее. Три недели назад, когда один из ваших иностранных клиентов решил перевести деньги из вашего банка, они провели первую операцию. Как? Вечером Любовь оставила документы с информацией о счетах ваших клиентов под вазой, ночью информация была уже в Китае, утром деньги исчезли, а в вашем офисе в вазе появились свежие цветы. Так происходило каждый день: в конце рабочего дня документы оставлялись под вазой, ночью посылались в Китай, а в начале следующего рабочего дня деньги исчезали, и появлялись цветы. Так было день за днём, пока однажды Вы, Джордж, не взяли документы с собой домой. Специально или случайно — это не важно. Но именно в тот день никаких проблем со счетами ваших клиентов не было. Когда Вы рассказали мне об этом в Швейцарии, всё встало на свои места.

После нашего разговора в Цюрихе я снова позвонил своей подруге Ли Сицин и договорился о встрече в Пекине, куда я и вылетел в тот же вечер. Через шестнадцать часов шестнадцать минут я был в кабинете одного из членов китайского правительства. Ли Сицин организовала эту встречу, чтобы я рассказал всё, что я знаю. Сказать, что член правительства Китайской Народной Республики был в шоке, значит ничего не сказать. Он немедленно приказал найти и арестовать преступников, он даже уволил руководителей полиции, которые не провели профилактику и поэтому не знали о мошенниках. Ну а мне... мне предложили пост главного консультанта полиции КНР. Поэтому я закрываю свою консалтинговую фирму и переезжаю в Китай.

Такие дела. Я рассказал вам всё, и только вам решать, что вы будете делать в вашем коллективе и будете ли делиться этой информацией с капитаном Тьери. Я знаю, что страховая компания выплатит деньги вашим клиентам в ближайшие неделю-две. Моя миссия выполнена. Я ухожу. Приятного вам аппетита, дамы и господа!

Вопросы

1. Как преступники использовали Любовь?

_____

_____

_____

2. С кем встречался господин Щёкин в Пекине?

_____

_____

_____

3. Как Вы думаете, должны ли сотрудники НБГ передать капитану Тьери то, что рассказал им господин Щёкин?

_____
_____
_____
_____

Упражнение

После нашего разговор____ в Цюрих____ я снова позвонил своей подруг____ Ли Сицин и договорился о встреч____ в Пекин____, куда я и вылетел в тот же вечер____. Через шестнадцать час____ шестнадцать минут____ я был в кабинет____ одного из член____ китайского правительств____. Ли Сицин организовала эту встреч____, чтобы я рассказал всё, что я знаю. Сказать, что член правительств____ Китайской Народной Республик____ был в шок____, значит ничего не сказать. Он немедленно приказал найти и арестовать преступник____, он даже уволил руководител____ полици____, которые не провели профилактик____ и поэтому не знали о мошенник____. Ну а мне... мне предложили пост главного консультант____ полици____ КНР. Поэтому я закрываю свою консалтинговую фирм____ и переезжаю в Кита____.

Такие дела. Я рассказал вам всё, и только вам решать, что вы будете делать в вашем коллектив____, будете ли делиться этой информаци____ с капитан____ Тьери. Я знаю, что страховая компания выплатит деньг____ вашим клиент____ в ближайшие недел____-две. Моя миссия выполнена. Я ухожу. Приятного вам аппетит____!

Вниз . . . .
Голодный . . . .
Здорово . . . .
Мятный . . . .
Наука . . . .
Оба (f — обе) . . . .
Плакать (плачу, плачешь...
   плачут) *(impf)* . . . .

Платок . . . .
Сверху . . . .
Советчик . . . .
Страшный
   (страшно) . . . .
Стучать (стучу,
   стучишь... стучат)
   (impf) . . . .

Послесловие
ПРАВО НА ОШИБКУ

— Все могут ошибиться, Любовь. Ничего страшного. Это урок для всех нас, — Джордж стоял у стола Любови в офисе и смотрел на неё сверху вниз. Любовь плакала и ничего не говорила. Это была некомфортная для них обоих ситуация.

Джордж стоял и не знал, что делать. Слова кончились, а она продолжала плакать.

«Может быть, надо позвонить Анне, чтобы она пришла и поговорила с Любовью? Женщины хорошо понимают друг друга. Мужчина не может понять и половину того, что сейчас в голове женщины. И я голодный, а голодный мужчина вообще плохой советчик, — думал Джордж. — Позвоню».

В этот момент в дверь постучали и сразу открыли её. Это была Анна.

— Анна? — удивились оба.

— Что вы делаете? Любовь, почему ты плачешь? Джордж, ты даже не дал Любови платок! Как нехорошо.

Анна подошла к столу и дала коллеге платок.

— Большое спасибо, — и Любовь продолжила плакать.

— Можно я пойду? — спросил Джордж. — Вы поговорите, а потом все вместе пойдём пить свежий мятный чай. Так много нервов, все устали. Я закажу столик в кафе, хорошо? — И Джордж тихо вышел из комнаты.

— Люба, ну что ты? Почему плачешь?

— Не знаю.

Девушки говорили и говорили, но Любовь продолжала плакать — ничего не помогало.

Через полчаса в комнату вернулся Джордж.

— Девушки, вы ещё не готовы? О чём вы говорите?

— Я говорю Любови, что на Гваделупе каждый имеет право на ошибку — это закон. Она не верит мне.

— Я верю, Анна, верю, но я русская, я не гваделупка. А русские никогда не делают ошибок. Поэтому мы лучшие в науке: мы первые придумали радио и таблицу химических элементов, мы первые полетели в космос, и мы первые стали коммунистами.

— Значит, ты первая русская, которая сделала ошибку, — это здорово! — улыбнулся Джордж.

— Это правда, хм, я не думала об этом, — Любовь посмотрела на них. — Правда, я первая русская, которая ошиблась. Это меняет дело. Как здорово! — Она уже не плакала. — Ой, Джордж, как я рада, что ты сказал это. Спасибо! Значит, мы идём в кафе пить мятный чай и больше не будем вспоминать об этой истории?

Любовь встала, чуть не коснулась головой фотографии Роксаны Чурысек на стене, взяла в руку сумочку.

— Конечно, не будем, Мисс Первая Ошибка! Идёмте.

Вопросы:

1. Почему Джордж хочет позвать Анну?
2. Почему Любовь плакала?
3. Как Джордж успокоил Любовь?

Упражнение:

— Я говорю Любов____, что на Гваделуп____ каждый имеет прав____ на ошибк____ — это закон____. Она не верит мне.

— Я верю, Анна, верю, но я русская, я не гваделупк____. А русские никогда не делают ошиб____. Поэтому мы лучшие в наук____: мы первые придумали ради____ и таблиц____ химических элемент____, мы первые полетели в космос____, и мы первые стали коммунист____.

— Значит, ты первая русская, которая сделала ошибк____, — это здорово! — улыбнулся Джордж.

— Это правда, хм, я не думала об этом, — Любовь посмотрела на них. — Правда, я первая русская, которая ошиблась. Это меняет дел____. Как здорово! — Она уже не плакала. — Ой, Джордж, как я рада, что ты сказал это. Спасибо! Значит, мы идём в каф____ пить мятный ча____ и больше не будем вспоминать об этой истори____?

Любовь встала и взяла в рук____ сумочк____.

РУССКО-АНГЛИЙСКИЙ СЛОВАРЬ

Учитывая замечания к первой книге «Рассказ-сенсация», автор постарался включить в данный словарь как можно большее количество слов. Вместе с тем многие базовые слова в него не вошли, поэтому рекомендуется использовать также полный словарь, если необходимо.

В словаре используются следующие обозначения:

f — слово женского рода;

m — слово мужского рода.

Данные обозначения используются со словами (именами существительными), которые оканчиваются на мягкий знак.

Pl — множественное число.

Если глаголы в словаре даются в несовершенном виде (имперфектив), в скобках указаны формы первого лица единственного числа, второго лица единственного числа и третьего лица множественного числа настоящего времени). Глаголы в совершенном виде (перфектив) даются только в неопределённой форме (инфинитив).

Соответствующие прилагательным наречия даны в скобках после прилагательных.

RUSSIAN-ENGLISH DICTIONARY

Having taken into consideration readers' comments about the first book *The Story Sensation*, the author has endeavoured to ensure that this dictionary includes as many of the words used in the text as possible. At the same time, many very basic words are not in the dictionary so you are strongly advised to use a full Russian-English dictionary should the need arise.

The dictionary uses the following abbreviations:

f — feminine gender of the noun;

m — masculine gender of the noun.

These abbreviations are used for words (nouns) which end with the soft sign ('ь').

Pl — plural.

Where verbs are given in the imperfective form (impf), the present tense forms of the first person singular, second person singular and third person plural can be found in brackets.

Perfective verbs (perf) are given in their infinitive forms only.

автоответчик answering machine
авторитет authority
айтишник IT guy
алмаз diamond
аналитик analyst
апельсиновый orange
аплодировать (аплодирую, аплодируешь... аплодируют) IMPF to applaud
аплодисменты applause
бал dancing ball
банкомат cash machine
батарейка battery, accumulator
безвизовый visa-free
безопасность (f) security, safety
безопасный (безопасно) secure, safe
беспокойство worries
беспрецедентный unprecedented
бессильный powerless
бессонный sleepless
биться (бьюсь, бьешься... бьются) to beat
благодарить (благодарю, благодаришь... благодарят) to thank
ближе closer
близкий (близко) near, close
блин pancake
блокнот notepad
блузка blouse
блюдо dish, course
богатый (богато) rich, wealthy
бокал glass
болеть (болею, болеешь... болеет) to be sick, to hurt
борт (на борту, за бортом) board (aboard, off board)
борьба fight, struggle
бояться (боюсь, боишься... боятся) IMPF to be afraid
брать (беру, берёшь... берут) to take
бублик bagel
будить (бужу, будишь... будят) to waken
будущий future

бульвар boulevard
бумага paper
бухгалтер accountant
бухгалтерия accountancy
бывший former
быстрый (быстро) quick, fast
бюрократия bureaucracy
в первую очередь in the first instance
в том числе including
важный (важно) important
вдвоём two of them, two together
вдруг suddenly
вежливый (вежливо) polite
везде everywhere
везёт (Past — повезло) luck out
век century
вернуться to return, to come back
вечеринка party
вещь (f) thing, stuff
взгляд glance, gaze
вздохнуть to sigh
вздрогнуть to shudder
взятка bribe
взять себя в руки to pull oneself together
вилка fork
включать (включаю, включаешь... включают) IMPF to turn on, to switch on
вкусный (вкусно) tasty
владеть (владею, владеешь... владеют) to own
вместе together
вниз down, downwards
внизу at the bottom, below
внимание attention
внимательный (внимательно) attentive
внук (f — внучка) grand-child
вовремя in time
водитель driver
воздух air
возможность (f) opportunity, possibility

возраст age
вокруг around
волна wave
волосы hair
вообще in general, overall
воровать (ворую, воруешь... воруют) to steal
воровство theft, stealing
ворота (Pl) gate
вперед (впереди) ahead
впечатление impression
вряд ли unlikely
всегда always
вслух aloud
вспомнить to recall, to remember
встать to get up
встроенный built-in
Вторая мировая война The World War II
второй second
входить (вхожу, входишь... входят) to enter
выбирать (выбираю, выбираешь... выбирают) to choose
выделить to emphasise, to stand out
выиграть to win
выключить to switch off, to turn off
вылетать (вылетаю, вылетаешь... вылетают) to take off, to epart, to fly out
выполнять (выполняю, выполняешь... выполняют) to execute
высокий (высоко) high, tall
высший top, supreme
выше higher
газета newspaper
газетный newspaper (adj)
галстук tie
гастроли tour
главный chief, main
гладить (глажу, гладишь... гладят) to stroke
глаз (Pl — глаза) eye
глоток gulp

глубокоуважаемый dear (=highly respected)
голова head
голодный hungry
голос voice
гора mountain
гордиться (горжусь, гордишься... гордятся) IMPF to be proud
гордый (гордо) proud
горе sorrow
гореть (горю, горишь... горят) to burn, to be alight
городской city (adj)
гостиная sitting-room
готовить (готовлю, готовишь... готовят) to cook, to prepare
градус degree
граница border
график schedule, timetable
громкий (громко) loud
грудь (f) chest, breast
грустный (грустно) sad
губа lip
гудок beep
гулять (гуляю, гуляешь... гуляют) to walk, to wander
давиться to choke, to gulp
давно long time ago, for a long time
далёкий far-off, long-distance
дальний distant, remote
дальше further
дамская комната ladies' toilet
дамы и господа ladies and gentlemen
данные (Pl) data
дверь (f) door
двигаться (двигаюсь, двигаешься... двигаются) to move
движение movement
дворец palace
действительный (действительно) real, actual
делить (делю, делишь... делят) to share, to split, to divide
дело case, business

деньги (Pl) money
дерево (Pl — деревья) tree
деревянный wooden
держать в курсе (держу, держишь... держат) to keep updated
детство childhood
дикость (f) barbarism, wilderness
добавить to add
добро пожаловать welcome
добыча prey
довести (до добра не доведёт) to lead to (that bodes ill)
договориться to agree
доказать to prove
долгосрочный long-term
домашний home (adj)
допить to drink up
дорога road
дорогой expensive, dear
достаточно enough
достать (достаю, достаёшь... достают) IMPF to obtain, to reach, to secure
дружеский friendly, amicable
душа soul
жаль it is pity, unfortunately
жалюзи blinds
жаркий (жарко) hot
ждать (жду, ждёшь... ждут) to wait
же butm just, ever, then
желать (желаю, желаешь... желают) IMPF to wish
жёлтый yellow
жениться (женюсь, женишься... женятся) to get married
женский female
женщина woman
живот belly
жизнь (f) life
забывать (забываю, забываешь... забывают) IMPF to forget
заверить to assure
завоевать to conquer
заголовок heading
загородный suburban, out-of-town

задавать вопрос to ask a question
задний rear, back
заказ order
заказать to order, to book
заказчик contractor, customer
закон law
закономерность (f) regularity
закрытие closure
закрыть to close, to shut down
закулиса behind the scenes
заметный (заметно) noticeable, visible
замечательный (замечательно) remarkable, outstanding
занимать (занимаю, занимаешь... занимают) to occupy, to cover
заниматься (занимаюсь, занимаешься... занимаются) to attend, to be engaged
запасы reserves
записывать (записываю, записываешь... записывают) to note down, to write down
запуск start, acceleration, input
заразить to infect
заранее in advance, beforehands
зарплата salary
заставлять (заставляю, заставляешь... заставляют) to compel, to force, to make
зачем what for, why
звонить (звоню, звонишь... звонят) to call
звонок call, bell
звук sound
звучать (звучу, звучишь... звучат) to sound, to tune
здание building
здорово cool, good, ok
зелёный green
земля earth, ground
зло evil
знак sign
знакомый familiar

знание knowledge
значит it means
золото gold
золотой golden
зря in vain, for nothing
зуб tooth
игра game
избегать (избегаю, избегаешь... избегают) IMPF to avoid, to escape
известный (известно) famous
измотать to frazzle, to ride down
изобретение invention
иллюминатор aiplane window
именно namely, it is… that
иметь в виду (имею, имеешь... имеют) to mean
имя (n) name
иногда sometimes
иностранец (f — иностранка) foreigner
интуитивный (интуитивно) intuitive
искать (ищу, ищешь... ищут) IMPF to look for, to search
исключение exception
использовать (использую, используешь... используют) IMPF to use
исчезать (исчезаю, исчезаешь... исчезают) to disappear
кабинет office, study-room
кабинка cabin
каждый every, each
кажется it seems
казаться (кажусь, кажешься... кажутся) to seem
каменный stone
капуста cabbage
карандаш pencil
карман pocket
картонный card-board (adj)
качественный (качественно) quality (adj)
качество quality (noun)

качнуть to rock, to swing
квадрат square
китайский Chinese
клясться (клянусь, клянёшься... клянутся) to swear, to vow
книжный book (adj)
кожа skin, leather
колбаса sausage
количество quantity, amount
коллектив collective, group, staff
колонка speaker
комната room
конец end, finish
конечно of course, surely
конкурент (f — конкурентка) competitor
кончить to finish, to end
корабль (m) ship
коричневый brown
корма (за кормой) hull back (astern)
космический space (adj)
космос space
коснуться to touch
костюм costume, suit
кошмар nightmare
краткий (кратко) brief, concise
кресло armchair
кровать (f) bed
кровь (f) blood
кроме apart from
круг circle, round
круглый round (adj)
крыло wing
куст bush
кухня kitchen
кушать подано dinner is served
ладно ok, fine
лёгкий (легко) easy, light
летать (летаю, летаешь... летают) to fly
лётчик pilot
лечить (лечу, лечишь... лечат) to treat, to cure
лист sheet, leaf

лить (лью, льёшь… льют) to pour
лицо face
личный (лично) personal
лишний odd, spare
ложка spoon
лучше better
любезный (любезно) amiable, kind
любимый favourite, loved
макароны pasta
манекен mannequin, dress stand
манера manner
маркер tip marker
масштаб scale
матушка mother
мать (f) mother
махинация machination, scheme, fraud
машинист operator, engine-driver
медленный (медленно) slow
международный international
менять (меняю, меняешь… меняют) to change
местный local
место place, seat
метродотель head-waiter, restaurant manager
мечтать (мечтаю, мечтаешь… мечтают) to dream
мешать (мешаю, мешаешь… мешают) to impede, to prevent
милый (мило) nice, dear
мобильник mobile phone
молча quietly
молчать (молчу, молчишь… молчат) to keep silent
море sea
мошенник (f — мошенница) swindler, defrauder
мудрый (мудро) wise
мусорное ведро litter-bin
мысль (f) thought
мышка mouse
мюсли cereals
мясо meat
мятный mint

на самом деле indeed, in reality
навек forever
нагнуться to bend
нагрузка burden, charge
надежда hope
надёжный (надёжно) trustworthy
надеяться (надеюсь, надеешься… надеются) to hope
надпись (f) inscription, sign
назад back, backwards
назначение assignment, purpose
наивный naïve
наизусть by heart
налог tax
напиток drink
напоминать (напоминаю, напоминаешь… напоминают) IMPF to remind
направление direction
например for example
народ people
нарушать закон (нарушаю, нарушаешь… нарушают) to break the law
население population
настоящий present, true, genuine
настроение mood
наука science
находиться (нахожусь, находишься… находятся) IMPF to be located
начало beginning
начальник (f — начальница) head
не так ли? isn't it? (and alikes)
небоскрёб skyscraper
нежный (нежно) tender
независимый (независимо) independent
незнакомый (незнакомо) unknown
нельзя one cannot, it is prohibited
немедленно (немедленно) immediate
необходимый (необходимо) necessary, required

нервный (нервно) nervous, unstrung
нести (несу, несёшь... несут) to carry
нефть (f) oil
ниже lower
низкий (низко) low
ничего себе no way!
новость (f) news
нож knife
номер number, hotel room
носки socks
ноутбук laptop
ну что же well now
оба (f — обе) both
обеспечивать (обеспечиваю, обеспечиваешь... обеспечивают) to provide, to procure
образовательный educational
общественный social, public, common
общество society, community
общий common
объём volume
объявлять (объявляю, объявляешь... объявляют) IMPF to announce
объяснять (объясняю, объясняешь... объясняют) to explain
овощ vegetable
огурец cucumber
одеваться (одеваюсь, одеваешься... одеваются) IMPF to dress up, to put on
одет dressed
одинаковый (одинаково) equal, identical
однажды once
однако however
ожидание expectation
оливье Russian potato salad
ООН UN
опаздывать (опаздываю, опаздываешь... опаздывают) to be late

опасный (опасно) dangerous
описать to describe
описывать (описываю, описываешь... описывают) to describe
опоздать to be late
оружие arms
основной main, general
особенный (особенно) special
оставаться (остаюсь, остаёшься... остаются) to stay
оставить to leave
остановить to stop
остаться to stay
осторожный (осторожно) cautious
остров island
ответственный (ответственно) responsible
отдавать (отдаю, отдаёшь... отдают) to give
отец father
открыть to open
отличный (отлично) excellent
отношение relation
отправить в отставку to fire
отъезд departure
официант waiter
ошибаться (ошибаюсь, ошибаешься... ошибаются) to make mistake
пакетик bag
палец finger
памятник monument
папка folder
пара couple, pair
парикмахер hairdresser
парикмахерская hairdresser's
парковка parking
первый first
переводить (перевожу, переводишь... переводят) to translate
переговоры (Pl) negotiations
передача delivery, transfer
переезжать (переезжаю, переезжаешь... переезжают) to move homes

перейти на ты shift to first-name terms (as opposed to using more formal addresses)
пересекать (пересекаю, пересекаешь... пересекают) to cross
переход passage, crossing
песня song
печатать (печатаю, печатаешь... печатают) to type, to print
пешеходный переход pedestrian crossing
пиджак jacket
пирог pie
платить (плачу, платишь... платят) to pay
платок handkerchief
платье dress
по-прежнему as before
побратим (город-побратим) sister town
повар chef
повернуть to turn
повод reason, motive
повторять (повторяю, повторяешь... повторяют) to repeat
повышение rise, promotion
погода weather
пограничная служба border control
подготовка preparation
подмосковный located near Moscow
подниматься (поднимаюсь, поднимаешься... поднимаются) to rise, to lift
подозревать (подозреваю, подозреваешь... подозревают) to suspect
подозрительный (подозрительно) suspicious
подойти to approach
подходить (подхожу, подходишь... подходит) to approach, to arrive
поезд (Pl — поезда) train
поездка trip, journey
пожать руку to shake hands
позвать to call
позволять (позволяю, позволяешь... позволяют) to let, to allow
поздний (поздно) late
позже later
покупка purchase
пол 1. floor, 2. sex
полезный (полезно) useful
полёт flight
полицейский policeman
половина (пол-) half
положить трубку to put the phone down
полоса lane
полтора one and a half
получатель recipient
помидор tomato
помнить (помню, помнишь... помнят) to remember
помощник (f — помощница) assistant, helper
помощь (f) assistance, help
популярность (f) popularity
пора! it's time (to do sth)
порог threshhold, doorstep
портфель (m) brief-case
порция portion, helping
порядок (по порядку) orger (in orger, in stages)
посадка landing
посадочный талон boarding pass
последний last, final
послесловие epilogue
потолок ceiling
похищать (похищаю, похищаешь... похищают) to steal, to abduct
похожий similar, resembling
поцелуй kiss
почему-то for some reason
почти almost
прав right

правило rule
правильный (правильно) right
правительство government
предпочитать (предпочитаю, предпочитаешь... предпочитают) to prefer
представитель (f — представительница) representative
прекрасный (прекрасно) beautiful, excellent
преподаватель teacher, lecturer
преступление crime
преступник (f — преступница) criminal
преступный (преступно) criminal (adj)
привлекать (привлекаю, привлекаешь... привлекают) to attract
привычный (привычно) habitual, customary
пригласить to invite
приглашать (приглашаю, приглашаешь... приглашают) to invite
пригород suburb
приезд arrival, coming
приёмная reception room
признавать (признаю, признаёшь... признают) to admit
приличный (прилично) decent
принести to bring
приносить пользу (приношу, приносишь... приносят) to provide benefit
принципиальность (f) integrity, fidelity to one's principles
причина cause, reason
приятный (приятно) nice, fine
пробовать (пробую, пробуешь... пробуют) to try, to taste
проверять (проверяю, проверяешь... проверяют) to check
провести to conduct
провожать (провожаю, провожаешь... провожают) to see off

программист programmer
продолжать (продолжаю, продолжаешь... продолжают) IMPF to carry on, to continue
продолжение continuation, extension
проектировать (проектирую, проектируешь... проектируют) to project, to design
происходить to happen
просить to ask
просить прощения to apologise, to beg pardon
простой (просто) simple
просыпаться (просыпаюсь, просыпаешься... просыпаются) to wake up
проходить (прохожу, проходишь... проходят) to go by, to pass, get past
процедура procedure
прошлый past
прощаться (прощаюсь, прощаешься... прощаются) to say farewell
прямой (прямо) straight, direct
пункт point
пустой (пусто) empty
путь (m) way, route
пушка cannon
пьянить to make feel drunk
рабочий worker, working
рад glad
разве? really? why?
разведка intelligence
развитый developed
разговаривать (разговариваю, разговариваешь... разговаривают) to talk, to converse
разойтись to separate, to disperse
разрешать (разрешаю, разрешаешь... разрешают) to allow, to let
разрешение permission
рай paradise

рамка frame
рано early
рано или поздно sooner or later
раньше earlier
расследование investigation
расследовать (расследую, расследуешь... расследуют) to investigate
расти (расту, растЕшь... растут) IMPF to grow
ребята (Pl) guys
редкий (редко) rare
рейс flight
рекламный advertising
решение solution
рисунок picture, drawing
ритуал ritual
ровный even, level (adj)
родиться to be born
родной dear, relative, home
родом originally from
рубашка shirt
руководить (руковожу, руководишь... руководят) to lead, to manage
рядом с near, close to
сад garden
самолёт airplane
сбыться to come true
свежий fresh
сверху above
свет light
светить (свечу, светишь... светят) IMPF to deliver, to hand in, to rent
светофор traffic light
свободный (свободно) free
сводить с ума (свожу, сводишь... сводят) to drive crazy
связь (f) (на связи) network, link (in touch)
сдавать (сдаю, сдаёшь... сдают) IMPF to deliver, to hand in, to rent
сдержать слово keep one's word

север north
сегодня today
сегодняшний today's
сердце heart
серебро silver
серебряный silver (adj)
сериал series
сеть (f) network, web
сиденье seat
сильный (сильно) strong, powerful
синий dark blue
система одного окна one-stop shop
сказочный fairy-tale (adj)
скамейка bench
сконцентрироваться to concentrate
скоро soon
скучать (скучаю, скучаешь... скучают) 1. to be bored, 2. to miss
скучный (скучно) boring
сладкий (сладко) sweet
сладость (f) delight, sweetness
слева on the left
следующий next, following
слишком too, too much, over
сложный (сложно) complicated, difficult
случайно by accident
случиться to happen
слушать (слушаю, слушаешь... слушают) to listen
сметана soured-cream
смеяться (смеюсь, смеёшься... смеются) to laugh
сначала at first
снег snow
снимать (снимаю, снимаешь... снимают) 1. to take off, 2. to rent
сниться to dream
снобизм snobbery
снова again
собеседник (f — собеседница) companion, partner in conversation

собираться (собираюсь, собира-ешься... собираются) to gather, to come together
соблюдать (соблюдаю, соблюда-ешь... соблюдают) IMPF to observe, to obey
собраться to gather, to come together
событие event
совет 1. board 2. advice
советчик adviser
совсем at all
согласен (согласна, согласно, согласны) agree
соглашение agreement
соевый soya (adj)
соединять (соединяю, соединя-ешь... соединяют) to connect, to unite
создать (создаю, создаёшь... создают) to create
сок juice
солёный salty, salted
солнечный (солнечно) sunny
сомневаться (сомнеаюсь, сомне-аешься... сомнеаются) to doubt
сон dream
сонник dream-dictionary
сообщение message
соседний neighbouring, adjacent
сотрудник (f — сотрудница) employee
сотрудничество collaboration
сочетание match
соя soya
спальня bedroom
специализация specialism
специалист specialist
специально on purpose
спецслужба special services
спешить (спешу, спешишь... спешат) to hurry
спина back
список list

спокойный (спокойно) quiet, calm
способ method, means
справа on the right
справка note
спрашивать (спрашиваю, спрашиваешь... спрашивают) to ask
сразу at once, right away
Средние века Middle Ages
средний middle, average
срочный (срочно) urgent
ссылка link
стабильность (f) stability
ставить (ставлю, ставишь... ставят) to put, to lay
стажёр (f - стажёрка) intern
стакан glass
стандартный (стандартно) standard
стараться (стараюсь, стараешься... стараются) IMPF to try, to do one's best
статья article
стекло glass
стеклянный glass (adj)
стесняться (стесняюсь, стесняешься... стесняются) to hesitate, to be ashamed of
стимулировать (стимулирую, стимулируешь... стимулируют) to stimulate
стойка stand, counter
столица capital city
стоять (стою, стоишь... стоят) to stand
страдать (страдаю, страдаешь... страдают) to suffer
страница page
странный (странно) strange, weird
страховая компания insurance company
страшный (страшно) terrible
стрелять (стреляю, стреляешь... стреляют) to shoot

строить (строю, строишь... строят) IMPF to build
стучать (стучу, стучишь... стучат) to knock
сударь (f - сударыня) Mr (Ms)
судебный judicial, legal, court (adj)
судья judge
сумка bag
существовать (существую, существуешь... существуют) IMPF to exist
схема scheme
счастливого пути! have a good trip!
счёт (Pl - счета) account
США USA
сыр cheese
таблица table
табличка sign, little table
такой such
тарелка plate
тело body
тем не менее nevertheless
тема theme, topic
темнеть to darken
тёмный (темно) dark
терять (теряю, теряешь... теряют) to lose
тихий (тихо) quiet
тишина silence
то есть i.e.
товар good
только only, just
только что just now
тот же самый (та же самая, то же самое, те же самые) the same
точка dot, point
точный (точно) exact, precise
тратить (трачу, тратишь... тратят) IMPF to spend, to waste
тренажёр training machine
тренер trainer, coach
трогать (трогаю, трогаешь... трогают) to touch
туфля shoe

убивать (убиваю, убиваешь... убивают) to kill
убивать двух зайцев to kill two birds with one stone
уважаемый dear
уважать (уважаю, уважаешь... уважают) IMPF to respect
уверенный confident, sure
увольнять (увольняю, увольняешь... увольняют) to fire
удача luck
удивительный (удивительно) amazing, surprising
удивляться (удивляюсь, удивляешься... удивляются) to be amazed, to be surprised
удобный (удобно) convenient, comfortable
уехать to leave
ужас horror
узкий (узко) narrow
улыбаться (улыбаюсь, улыбаешься... улыбаются) to smile
улыбка smile
ум mind, brain
умный (умно) clever, smart
услуга service
успевать (успеваю, успеваешь... успевают) IMPF to manage, to be on time
успех success
успешный (успешно) successful
усталый (устало) tired
устать (устаю, устаёшь... устают) to get tired
утка duck
утренний morning (adj)
уходить (ухожу, уходишь... уходят) to leave, to go away
фамилия surname
фанат fan
фон background
формальность (f) formality
ФСБ (Russian) Federal Security Service

футболка T-shirt
хаотичный (хаотично) chaotic
хвалить (хвалю, хвалишь... хвалят) IMPF to praise
хватать 1. to catch 2. to be enough
холодильник fridge
хранить (храню, хранишь... хранят) to store
царь (m) tsar
цвет colour
цветной colourful
цель (f) aim, purpose
цена price
ценить (ценю, ценишь... ценят) IMPF to value
церковь (f) church
цифра digit, figure, number
цыган (Pl — цыгане) Gipsy
чайник kettle
частый (часто) frequent
часы watch, clock
чаще more often
чёрный black
чёрт подери damn it
честно говоря honestly speaking
честный (честно) honest
чиновник official, bureaucrat
чистить (чищу, чистишь... чистят) IMPF to clean
чистый (чисто) clean
член member
что-то something

чувствовать (чувствую, чувствуешь... чувствуют) to feel
шарлотка apple cake
Швейцария Switzerland
шедевр masterpiece
шёпот whisper
шеф-повар chef
широкий (широко) broad, wide
шкаф wardrobe
шоссе high-way
штамп stamp
шутить (шучу, шутишь... шутят) IMPF to joke
шутка joke
щека cheek
экватор equator
экономить (экономлю, экономишь... экономят) IMPF to economise
экономичный (экономично) economical
экран screen
эскимос Eskimo, Innuit
этаж floor, storey
юбка skirt
юг south
юмор humour
яблочный apple (adj)
японец (f — японка) Japanese
яркий (ярко) bright
ясный (ясно) clear

ОБ АВТОРЕ

Игнатий Дьяков — профессиональный преподаватель русского языка как иностранного, закончивший две магистратуры по специальностям «Лингвистика» и «Политическая экономика России». Родом из Санкт-Петербурга, он переехал в Лондон в 2008 году. Позднее там он основал фирму Russia Local Ltd, которая помогает иностранным компаниям выйти на российский рынок. Преподавание русского языка по-прежнему в основе всей деятельности компании. Сейчас клиенты Игнатия находятся в Великобритании, Франции, Люксембурге, Китае, Гонконге и России. Они работают в разных сферах, как-то: финансы и банковское дело, право, архитектура, политика и государственное управление.

Опыт управления бизнесом помогает Игнатию лучше понять требования и ожидания его клиентов, но он продолжает повышать свою квалификацию. Его результаты отмечены рядом грантов и стипендий Президента и Правительства РФ, наград Министерства образования, компаний Интеррос и Шелл.

Игнатий — член Королевского Института лингвистов, Общества авторов Великобритании и Института директоров (Великобритания). Его часто приглашают в качестве эксперта на BBC и «The Guardian», он выступает с лекциями в торговых палатах и на крупнейших бизнес выставках.

ABOUT THE AUTHOR

Ignaty Dyakov is a professional Russian language teacher with Master's degrees in Linguistics and The Political Economy of Russia. Originally from St Petersburg he came to London in 2008 where some time later he established Russia Local Ltd., a language-based consultancy which helps international businesses expand in Russia. Russian language training is where the company started and is still a core element of the business. Ignaty's clients are now based in the UK, France, Luxembourg, China, Hong Kong and Russia. They come from all walks of life and work in different areas, e.g. finance and banking, law, architecture, politics and administration.

Ignaty's first-hand experience of running a business helps him better understand their needs and requirements. Nevertheless, he continuously develops his skills and this is recognised by the number of awards he has received which include scholarships and grants named after the Russian President and Government, awards from the Ministry for Science and Education and Interros investment fund, as well as a Shell LiveWire 'Grand Ideas' award.

He is a member of the UK Society of Authors, the Chartered Institute of Linguists and the Institute of Directors (UK). He is frequently invited to comment on the BBC, the Guardian and others, and he gives talks at major business expos and chambers of commerce.

«Рассказ-сенсация. В помощь изучающим русский язык (не только для гваделупцев)» — первая книга в серии учебных пособий для изучающих русский язык как иностранный. США, 2013. — 164 с.

Гваделупа — это Рай на Земле. Ряд факторов повлияли на то, что теперь независимое от Франции островное государство не пострадало от финансового кризиса, поразившего весь мир. Строгие правила регулируют деятельность банкиров, а они совсем не против. Джордж работает в Национальном банке Гваделупы уже десять лет. Каждое утро он приходит в офис, включает компьютер и слушает автоответчик — приятный женский голос говорит ему, что у него нет новых сообщений. Ему нравится его маленький ритуал, от этого ему хочется петь еще больше; он любит петь. Но однажды утром его старый мир уничтожен появлением в его электронной почте письма из-за границы. Череда событий, поток новых мыслей и ряд новых встреч ожидают Джорджа...

> В продаже в интернет-магазине Amazon и других книжных магазинах по всему миру. Электронная версия книги доступна через Kindle, а аудиокнигу можно заказать по электронной почте audio-book@russialocal.co.uk

The story sensation: for learners of the Russian language (and not only for Guadeloupians!) — USA, 2013. — 164 pp.

Guadeloupe is paradise on earth. Due to a number of factors this island state, now independent of France, has not suffered the financial crisis which hit the rest of the world. Strict rules regulate how the bankers work and they seem to enjoy this. George has been working in the National Bank of Guadeloupe for ten years. Every morning he comes to the office, switches on his computer and listens to the voicemail saying in a nice female voice: "You have…no new messages". He enjoys his small rituals as much as he enjoys singing. But one morning the old world was destroyed by a single email from overseas which led to a whole series of events, a wave of new thoughts and unexpected encounters…

Available on Amazon as well as in selected bookstores world-wide. The digital version can be purchased via Kindle. To obtain the audio-version please email us at audio-book@russialocal.co.uk

Оглавление

Предисловие 5

Пролог 11

Глава 1. Маленький утренний ритуал 15

Глава 2. Газетная безопасность 19

Глава 3. Совет и шок 23

Глава 4. Эх, работа! 27

Глава 5. Запить горе 31

Глава 6. Далёкий путь домой 35

Глава 7. Тёмной ночью в парке 39

Глава 8. Первым делом консультанты 43

Глава 9. Нет портфеля — отличная новость! 47

Глава 10. Русско-итальянская дружба 53

Глава 11. Везёт хорошим людям! 59

Глава 12. А в ресторане, а в ресторане… 63

Глава 13. Продолжение ужина
или ужин с продолжением 67

Глава 14. Космический поцелуй у Анны дома 73

Глава 15. С бала на корабль 77

Глава 16. Подготовка к поездке в Россию 81

Глава 17. Соглашение о безвизовом режиме
между Россией и Гваделупой 87

Глава 18. Краткая справка о России 91

Глава 19. Вперёд! На Москву! 97

Глава 20. Вот она — Россия-матушка 101

Глава 21. Картонная экономия. 105

Глава 22. В путь к Царь-пушке! 109

Глава 23. Российский мираж 113

Глава 24. Стандартная процедура 117

Глава 25. Швейцарский сюрприз 121

Глава 26. О бубликах и интригах 125

Глава 27. Договорились... 131

Глава 28. Кушать подано! 135

Глава 29. Мировая «закулиса» 141

Глава 30. Мировая «закулиса» (продолжение) 145

Глава 31. Мировая «закулиса»
(и ещё продолжение). 149

Глава 32. Такие дела 153

Послесловие.
Право на ошибку. 157

Русско-английский словарь 160

Об авторе. 164

fine art photography...

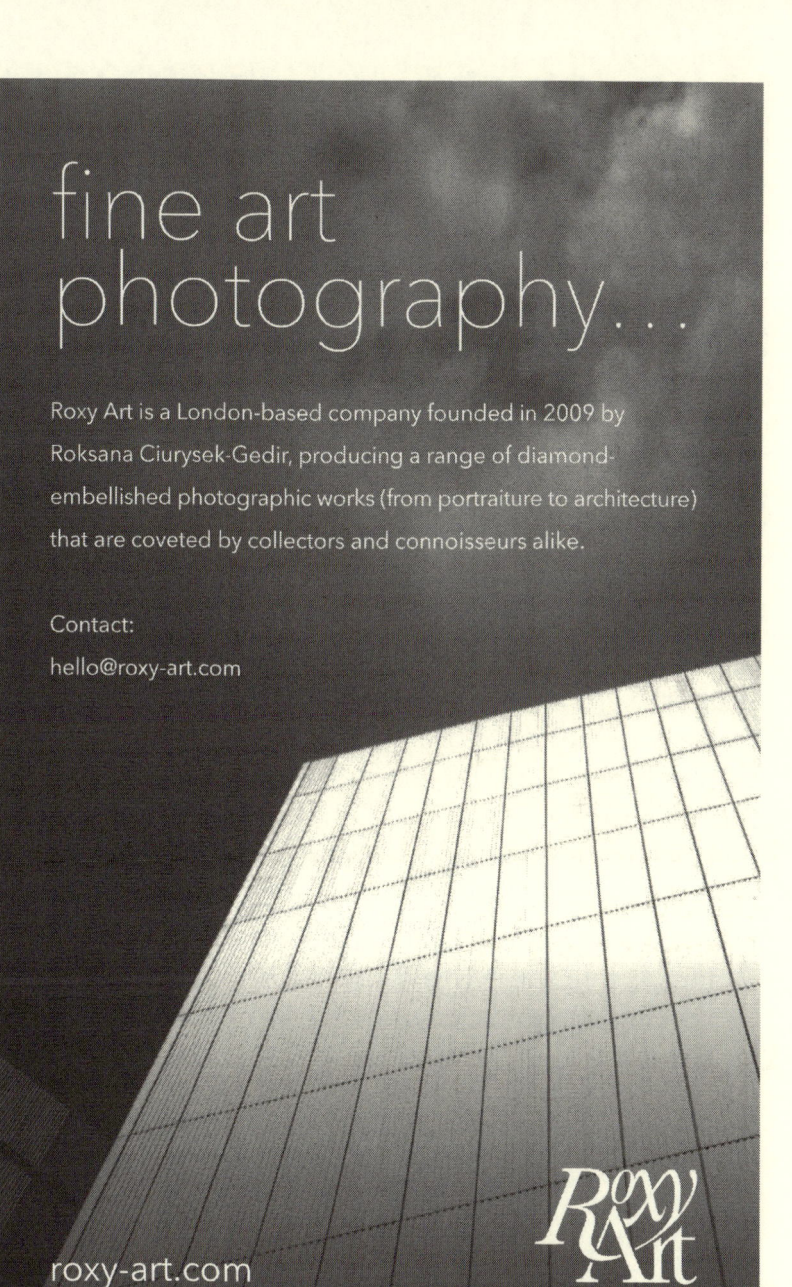

Roxy Art is a London-based company founded in 2009 by Roksana Ciurysek-Gedir, producing a range of diamond-embellished photographic works (from portraiture to architecture) that are coveted by collectors and connoisseurs alike.

Contact:
hello@roxy-art.com

roxy-art.com

Roxy Art

Рассказ-провокация

Russia Local Ltd. provides a range of tailored services to ensure the smooth development and expansion of your business in Russia. We are here to advise you on cultural and behavioural differences, security aspects, entertainment, the business environment and much, much more. We have an in-depth knowledge of the country, the people, their mentality and business code.

We offer the following services:
- Consultation;
- Partner matching services;
- Marketing advice;
- Russian language training;
- Translation (English, French, Chinese and Italian into Russian);
- Accompanied visits to Russia and exhibition support.

In 2013, Russia Local Ltd was a finalist of East of England 'Best New Business' Award and London Small Business Award.

We have a wide range of partners in Russia who are only too happy to help. Our clients are based in the UK, France, Luxembourg, China, Hong Kong and Russia.

Please contact us to arrange a free, no obligation one-to-one consultation to assess how we can be of most value to you and your organisation.

Russia:Local

info@russialocal.co.uk
+44 (0) 207 1933 573
Office 36, 88-90 Hatton Garden,
London, UK EC1N 8PN
www.russialocal.co.uk

Printed in Great Britain
by Amazon.co.uk, Ltd.,
Marston Gate.